Así E:

Historias de espiritualidad hispana

Yolanda Tarango, C.V.V.I.
Ada María Isasi-Díaz
Consuelo Covarrubias, P.B.V.M.
Marco Antonio López Saavedra
Ricardo Ramírez, C.S.B.
María Teresa Gastón Witchger
Olga Villa Parra
Juan Sosa
Confesor De Jesús
Dominga M. Zapata
Silvia Zaldívar
José y Mercedes Rivera
Enrique D. Alonso
Alvaro Dávila
Clotilde Olvera Márquez

Arturo Pérez
Consuelo Covarrubias, P.B.V.M.
Edward Foley, Capuchino
Editores

Traducido por Sarah C. Pruett y Elena Sánchez Mora

A Liturgical Press Book

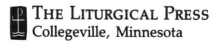

THE LITURGICAL PRESS
Collegeville, Minnesota

El diseño de la cubierta por Fred Petters

La ilustración de la cubierta: En detalle, "Christ Crucified," School of Beneto, Orlega II, h. 1875–1907.

1	2	3	4	5	6	7	8	9

Catalogación de la Biblioteca del Congreso-en-Datos de Publicación

Así es : historias de espiritualidad hispana / Yolanda Tarango . . . [et al.] ; Consuelo Covarrubias, Arturo Pérez, Edward Foley, editores ; traducido por Sarah C. Pruett y Elena Sánchez Mora.
    p.   cm.
  ISBN 0-8146-2291-7
    1. Hispanic American Catholics—Religious life. 2. Spirituality—Catholic Church—History—20th century. 3. Catholic Church—United States—Membership. 4. Spirituality—United States—History—20th century. I. Tarango, Yolanda.
BX1407.H55A85 1994
282'.73'08968—dc20   93-47028
                                          CIP

ASI ES

Contenido

Introducción

Varias personas santas han ofrecido sus caminos a la santidad para nuestra edificación e inspiración. Sus vidas de fe, junto con sus escritos, diarios, normas y ejercicios espirituales, se pueden llamar "escuelas de espiritualidad". Por medio de estas escuelas a nosotros, los santos en proceso, se nos enseña a discernir nuestro camino a la santidad. Además de estas bien reconocidas escuelas de espiritualidad, sin embargo, hay otras "escuelas". A menudo se dice que "la escuela de la vida" enseña mucho más efectivamente que cualquier otra. Es con nuestro primer aliento que empezamos a aprender acerca de la vida y acerca de su Autor. Es con nuestro último aliento que dominamos las lecciones de la vida. Las enseñanzas de esta escuela no se encuentran en ningún libro, reglamento o estructura, sino en los encuentros cotidianos y experiencias con nuestras familias, amigos, vecinos y, sí, también con nuestros enemigos. Veamos las historias de esta otra "escuela".

Historias espirituales

Héctor

La distancia entre su casa y la iglesia no era mucha, unas cuantas cuadras a lo sumo. Héctor, un joven de veinte años, recorría este camino diariamente. Al entrar a la iglesia se persignaba con agua bendita, como le habían enseñado desde la niñez. Dando vuelta a la izquierda caminaba unos cuantos pasos más y se arrodillaba frente a la capilla del Cristo crucificado. Desde que llegó a "el norte" Héctor pasaba los primeros momentos de cada día buscando de este Dios sangrante una bendición a sus esfuerzos, su familia, y sus sueños no realizados. Era un ritual simple—ordinario y sagrado. Así es.

Raquel y Beto

Los movimientos del bebé despertaron a Raquel quien instantáneamente acudió a la cuna de su primogénito. La causa de los movimientos del bebé muy de mañana era que tenía hambre. Raquel se sentó a la orilla de la cama, contradiciendo el dicho "no se pueden hacer dos cosas a la vez". Mientras amamantaba al niño empezó a despertar a Beto de su tranquilo sueño. Necesitaban estar en la iglesia a las 9:00 en punto para "presentar" a su hijo y recibir la bendición del sacerdote. Esta bendición sobre ella y el niño los protegería del "mal de ojo" y cualquier otro mal. El brazo de Beto acercó amorosamente hacia sí a la madre y al niño. Así es.

Ana

Ser una mujer soltera de más de veinte años no era una "tradición" en la familia de Ana, pero Ana nunca había sido tradicional. Con todo el respeto debido a sus padres, ella vivía su propria vida, tratando de encontrar un equilibrio entre lo que ellos pensaban que debía hacer y lo que ella sabía que tenía que hacer. Durante todo el año pasado había escudriñado su corazón y escuchado el silencio, la tenue briza y la voz amorosa llamándola. Con la ayuda de la hermana Miriam, Ana había percibido cada vez más claramente la invitación a vivir una vida religiosa. Iba a decírselo a sus padres esa misma noche después de la cena. No había "religiosos" en su familia. Ella sería la primera. Ana continuaría viviendo fuera de la tradición. Así es.

Oscar

"¿Qué pasa?" era la frase familiar de todos los chavos. Los jóvenes afro-americanos, mexicanos y puertorriqueños se saludaban de la misma manera. Todos habían nacido en este barrio. Conocían sus calles y callejuelas, callejones sin salida y escondites. Oscar era la clase de individuo que estaba en todo, viviendo para el momento, para el grupo con quienes se divertía, para la vida y la muerte que lo rodeaban. Sabía inglés mejor que español y sabía el lenguaje de la calle mejor que el inglés. Asistía a la misa de las 11:00 casi cada domingo—cuando se levantaba. El y sus amigos siempre se quedaban en la parte de atrás de la iglesia junto a la puerta central. Estaba reservada para personas fiesteras. No molestaban a nadie y nadie los molestaba. Así es.

"Así es" significa conversacionalmente "así son las cosas". No hay un juicio implícito de "las cosas" en la frase—sólo una simple afirmación de la vida que resume el momento, el evento, el hecho o la realidad. Estas pocas palabras expresan una filosofía práctica de la vida. Para alguien que no comprende los modos de ser hispanos y, por lo tanto, a las personas hispanas, la frase puede significar pasividad, ambivalencia o tolerancia del *status quo*. Para la persona hispana, el dicho puede ser un acto de fe, un voto de confianza o un acto de resignación a la voluntad de Dios. Nuestra tarea es considerar el "así son las cosas" en la vida espiritual desde la perspectiva hispana. ¿Qué nos ha enseñado la escuela de la vida acerca de Dios?

Primero, es valioso reflexionar sobre la naturaleza de la "espiritualidad" y segundo, descubrir cómo se traduce y encarna en las vidas de la gente hispana.[1] Aunque el tema de la espiritualidad es vago y personal, se han escrito tomos eruditos, diccionarios y enciclopedias sobre él. Henri Nouwen, Joann Wolski Conn, Anne Carr y Thomas Merton son autores que a menudo reflexionan y escriben acerca de la espiritualidad desde la perspectiva de la escuela de la vida. Su popularidad se debe al hecho de que cualquiera puede verse reflejado en sus escritos espirituales. Los escritos de Ricardo Ramírez, Rosa María Icaza y Allan Figueroa Deck son un punto de referencia especial para nosotros.[2] Los artículos de estos autores son de los pocos escritos que tratan el tema de la espiritualidad hispana. Son puntos claves en nuestro aprendizaje.

La espiritualidad es como un prisma que refleja luz en multitud de direcciones. Cada reflexión es verdadera; cada reflexión es diferente. El Espíritu Santo es la fuente auténtica de esta luz—reverberando de diversas maneras dentro de nosotros. No hay límites aquí, ni maneras propias o correctas de llegar a conocer a Dios o de responder a las jugarretas e iniciativas del Espíritu. C.P.M. Jones afirma sabiamente ''En la espiritualidad, a fin de cuentas no existen 'reglas del juego', aún las que han sido asentadas por los santos, sino sólo 'trucos del oficio', ofrecidos libremente para estar libremente a la disposición de aquellos que los necesitan''.[3] Depende de cada uno de nosotros decidir cuándo y cómo usarlos. Nos encontramos con el Espíritu en el parque de recreo de nuestros corazones y así nos acercamos más a Dios. Acercarnos a Dios es la meta última y el centro, de atención de cualquier ''escuela de espiritualidad''.

¿Cómo podemos definir la espiritualidad? Necesitamos articular una definición no con el propósito de limitar la espiritualidad dentro un molde cerrado. Al contrario, nos sentimos motivados a definir la espiritualidad con el fin de hacernos más conscientes del terreno sagrado común en el que nos situamos. Esto a su vez influye la manera como hablamos, tomamos decisiones, planeamos nuestras prioridades para cada día, escogemos a nuestros amigos y celebramos nuestra fe. En efecto, la espiritualidad es la presencia de Dios tanto consciente como inconsciente, habitual e involuntaria, que da sentido a nuestra vida. Una espiritualidad auténtica está entretejida en la tela de nuestra existencia critiana.

Robert Schreiter enuncia cuatro características muy útiles de la espiritualidad:

1. La espiritualidad es la expresión del significado cristiano de nuestra vida como individuos y en comunidad...(ésta) necesita hacerse explícita—es decir expresada en forma tangible y en palabras.

2. La espiritualidad tiene su raíz en una comprensión particular del evangelio de Jesucristo....Esto nos permite construir un foco y centrarnos en nuestra vida y relación con Dios.

3. La espiritualidad es concreta y se expresa más en imágenes que en conceptos. En contraste con la teología en el sentido estricto, la espiritualidad se ocupa de las tareas concretas de la vida cotidiana en un contexto específico....Se ocupa de conceptos, pero principalmente de cómo los conceptos son traducidos o aplicados a un problema específico o una situación particular. Por esa razón, se expresa comúnmente a través de imágenes o se representa por personas ejemplares más que por categorías conceptuales.

4. La espiritualidad tiene sus raíces tanto en la tradición cristiana como en la experiencia contemporánea....Debido a esta doble raíz, la espiritualidad cristiana auténtica ni incorpora toda la experiencia contemporánea dentro de la tradición cristiana, ni adapta el eganvelio a la cultura contemporánea. Es en cambio una actividad mutuamente crítica y mutuamente correlativa, por la cual la tradición cristiana cuestiona la interpretación de nuestra experiencia cristiana, y la experiencia contemporánea cuestiona la manera como interpretamos la tradición cristiana.[4]

En vista de estas características, podemos definir la espiritualidad cristiana como una forma de vida que revela, ayuda y construye nuestra relación con Dios por medio de la buena nueva de Jesús. Construir una relación con Dios es un trabajo de toda la vida. Esta relación se traduce en términos humanos como llegar a confiar y recibir la confianza de otros, sufrir y ser vunerable, perdonar y ser perdonado, amar y ser amado. A cada paso es necesario tomar una decisión con todo el corazón: continuar o detenerse. Se presenta el desafio de aceptar un riesgo más ante Dios. Héctor, Raquel y Beto, Ana y Oscar están comprometidos a construir una relación con el Dios de su vida. Hacen esto como individuos pero también como miembros de la comunidad hispana que está en sí misma dotada por Dios con tradiciones religiosas. Estas tradiciones son la herencia religiosa de la comunidad hispana. Ellas forman la experiencia religiosa contemporánea de este pueblo. Estas tradiciones se expresan en lo que se llama comúnmente ''Religiosidad Popular''.[5] Esta es parte de la escuela de la vida, la escuela de espiritualidad para la comunidad hispana y de ella. Estas expresiones son experiencias transformadoras de gracia que constantemente nos cambian y nos presentan un desafío en nuestro deseo de acercarnos más a Dios.

En 1985 el Obispo Ricardo Ramírez escribió acerca de la espiritualidad desde la perspectiva hispana. Describió la espiritualidad como una paz interior que permite a las personas ponerse en contacto consigo mismas como creyentes. Es el área donde ''el espíritu divino toca al espíritu humano''. Refiriéndose específicamente a los hispanos afirma:

> Para los hispanos, esta experiencia de fe que está en el corazón de la espiritualidad toca no sólo lo espiritual...sino que también

afecta la totalidad de sus vidas...pone a la gente (hispana) en contacto con la espiritualidad pasada de sus antepasados.[6]

Ramírez mismo afirma que ésta es una descripción más que una definición de la espiritualidad hispana.

El artículo de Rosa María Icaza "La espiritualidad del pueblo mexico-americano"[7] emplea una definición influenciada por el Plan Pastoral Nacional para el Ministerio Hispano.[8] "La espiritualidad es la orientación y perspectiva de todas las dimensiones de la vida de una persona en el seguimiento de Jesús, movido por el Espíritu, y en continuo diálogo con el Padre." El contexto humano que explica dicha espiritualidad es clarificado por Icaza al citar los lineamientos del III Encuentro que "expresa su preocupación por la familia, los pobres, la juventud y las mujeres; su deseo de educación/cultura, justicia, acción misionera y liderazgo; y su necesidad de ser parte de la planeación e implementación".[9] Concluye: "parece entonces que, para los hispanos, la espiritualidad se traduce en el amor a Dios, que mueve, fortalece, y se manifiesta en amor del prójimo y de uno mismo".[10] Más adelante especifica ocho características tomadas del Plan Pastoral Nacional que describen la espiritualidad hispana.[11] Aunque el Plan Pastoral Nacional intenta caracterizar la espiritualidad de todos los grupos hispanos, el artículo de Icaza parece enfocarse únicamante en la experiencia mexico-americana. Esto hace surgir muchas preguntas acerca de otros grupos étnicos hispanos y su espiritualidad. Podemos preguntarnos, "¿Cuáles son parecidos y cuáles son diferentes?" "¿Cuáles son las características específicas de estas fuerzas espirituales?"

Allan Figueroa Deck nota muy claramente que el término "hispano" es un término que incluye a muchos grupos y que debe tratarse con cuidado.

> Cualquier significado generalizado debe ser complementado por un análisis más detallado del grupo particular del que se trata. Los puntos en común más sobresalientes entre los vastos y diversos grupos son el idioma español y su tipo particular de catolicismo producido desde el principio del siglo XVI en las Américas.[12]

Deck dirige nuestra atención al hecho de que los hispanos sólo existen en los Estados Unidos. En sus países de origen ellos son los ciudadanos de esos territorios nacionales particulares, por ejemplo los colombianos en Colombia no son hispanos, ni los guatemaltecos en Guatemala. Para bien o para mal, al cruzar la frontera con los Estados Unidos, no pierden su herencia nacional sino que adoptan las experiencias económicas, sexuales, raciales, étnicas, religiosas y culturales de los hispanos que ya están viviendo aquí. Algunos pueden considerar esto como una tensión creativa, mientras que otros posiblemente experimenten más la ansiedad de vivir en dos mundos. Todos los grupos étnicos hispanos se ponen en contacto no sólo entre sí sino también con la sociedad multi-racial y multi-cultural más amplia. Estas son fuertes influencias que forman y conforman la espiritualidad de una persona.

Ramírez, Icaza y Deck incluyen las prácticas de la religiosidad popular como fundamentales y expresivas de la espiritualidad hispana. Sin embargo, hay una pregunta más que surge aquí. Aunque, por ejemplo, hemos empezado a comprender que un sarape en un altar no es parte de la liturgia hispana, ¿hemos pasado de una *descripción* de la espiritualidad hispana como religiosidad popular a una comprensión de lo que la hace única como escuela de espiritualidad? Esto es difícil ya que espiritualidad es más un asunto del corazón que de la cabeza, más un asunto de fe que de lógica. Nuestro desafío es un poco como tratar detener agua en nuestras manos. Y sin embargo debemos tratar de hacerlo, para apreciar mejor y afirmar más los dones que Dios nos ha otorgado.

Hemos decidido explorar la naturaleza de la espiritualidad hispana a través de historias reales que forman los capítulos de este libro. Cada mujer y cada hombre escribe de acuerdo con el genio de su grupo étnico hispano particular y desde su vocación personal en la vida. Este es un ejercicio de "teología de conjunto", una manera de hacer teología juntos, a partir de las experiencias de fe de cada uno. Del conjunto de estas historias esperamos discernir más claramente y con más fe la obra de Dios en nosotros como comunidad hispana.

A través de las historias y reflexiones de los escritores de este libro, podemos identificar el "terreno sagrado" en el cual caminamos como pueblo hispano. Creemos que hay algo que nos hace únicos, un carisma, un verdadero don que nos permite conocer a Dios de maneras particulares de nuestro grupo étnico así como dentro de los límites de una herencia que nos mantiene unidos como comunidad hispana. Nuestra esperanza es que este libro sirva como punto de referencia para hispanos y no hispanos que ejercen un ministerio, tanto hispánicos como no hispana, dentro de la comunidad hispana, para que juntos podamos "comprender...la anchura, la longitud, la altura y la profundidad...para [conocer] el amor de Cristo que supera a todo conocimiento...y [quedar] colmados de toda la plentitud de Dios" (Ef 3,18-19). ¡Así es!

Arturo Pérez, Consuelo Covarrubias, P.B.V.M.

Edward Foley, Capuchino

12 de octubre de 1992

NOTAS

1. El término "hispano" se refiere a la gente de origen latinoamericano que reside en los Estados Unidos. Ver Allan Figueroa Deck, *The Second Wave* (Le segunda Ola) (New York: Paulist Press, 1989) 5.

2. Ricardo Ramírez, "Hispanic Spirituality" (Espiritualidad hispana) *Social Thought* (Summer 1985) 6-13. Rosa María Icaza, "Spirituality of the Mexican American," (La espiritualidad del Mexico-Americano) *Worship* 63 (1989) 232-46. Allan Figueroa Deck, "The Spirituality of the United States Hispanic: An Introductory Essay" (La espiritualidad del hispáno de los Estados Unidos: Un ensayo introductorio) *U.S. Catholic Historian* 9 (1990) 137-146.

3. C.P.M. Jones, "Liturgy and Personal Devotion" (Liturgia y devoción personal) *The Study of the Liturgy*, eds. Cheslyn Jones, Geoffrey Wainwright, Edward Yarnold (New York: Oxford University Press, 1986) 6.

4. Robert Schreiter, *In Water and Blood* (En agua y sangre) (New York: Crossroad, 1988) 131-32.

5. Arturo Pérez, *Popular Catholicism* (Catolicismo popular) (Washington: Pastoral Press, 1988) 7,

6. Ramírez, 6.

7. Icaza, 232.

8. *National Pastoral Plan for Hispanic Ministry* (Plan Pastoral Nacional para el Ministerio Hispánico) (Washington: United States Catholic Conference, 1987) 7.

9. Icaza, 232.

10. Ibid.

11. Icaza recoge del Plan Pastoral Nacional las siguientes características de la Espiritualidad Hispánica:

1. Un aspecto básico y constante es el sentido de la presencia de Dios.

2. Dios se encuentra en los brazos de la Virgen María. Ella está en el corazón de su espiritualidad.

3. "Las semillas de la palabra" de las culturas pre-hispanas se cultivan aun hoy.

4. La espiritualidad se expresa en devociones populares y en el uso de símbolos y gestos.

5. También se expresa en comportamiento relacionado a los valores del evangelio, tales como oración y hospitalidad, resistencia y esperanza, compromiso y perdón.

6. La fe se mantiene viva en la casa a través de prácticas en la vida diaria y particularmente durante las principales temporadas del año litúrgico.

7. Todas las celebraciones son consideradas comunitarias y la mayoría de ellas incluyen oración, compartir comida, y canto/danza/recitación o composición de poesía.

8. Finalmente, los hispánicos raramente oran por sí mismos sino regularmente por otros. A menudo piden o otros que los recuerden en sus oraciones.

12. Figueroa Deck, 138.

1

La espiritualidad de una mujer hispana

Yolanda Tarango, C.V.V.I.

Mi experiencia como mujer hispana y en mis conversaciones con otras mujeres hispanas sugiere que el término "espiritualidad" no se usa a menudo. Esto no significa que las mujeres hispanas no sean cristianas profundamente fieles y comprometidas a crecer en santidad. Indica, sin embargo, que el concepto de "espiritualidad" no les es familiar ni se sienten a gusto con él. El término mismo conlleva una dicotomía entre lo espiritual y lo material. Este es un concepto extraño en la cultura hispana donde la religión impregna cada aspecto de la vida. Como hispanas, ordinariamente no separamos la vida espiritual de la material. Nuestra tendencia es ver toda la vida como un todo y como algo sagrado.

El teólogo peruano Gustavo Gutiérrez habla de la espiritualidad de las minorías para describir el predominio del pensamiento religioso monástico según entiende la comunidad cristiana el concepto de espiritualidad. Un modo de relacionarse con Dios que ha sido accesible sólo a una minoría de la comunidad cristiana se ha reconocido como el único camino hacia Dios y se ha impuesto a la mayoría de los cristianos. Si la oración supuestamente tiene lugar dentro del reino espiritual de la vida en oposición al material, entonces la espiritualidad se reduce a un estado de conciencia en vez de una forma de vida. Esto no sólo la aleja de la comprensión del cristiano ordinario sino también invalida sus experiencias de encuentro con Dios en los eventos diarios de la vida. El mero uso del término "espiritualidad" refuerza la tendencia hacia el pensamiento dualista.

A los que somos miembros hispanos de congregaciones religiosas o hemos estudiado en seminarios, se nos ha enseñado en conceptos duales eurocéntricos de oración y espiritualidad. Si hemos de comprender la experiencia religiosa en el contexto hispano, necesitamos mantenernos en contacto con nuestra propia experiencia pasada de fe y reclamar la comprensión religiosa legada a nosotros por nuestras familias. Sólo de esta manera podemos empezar a cuestionar el marco en el que se ha forzado a conformar toda experiencia religiosa.

Creo que para comprender cómo entienden las mujeres hispánicas su relación con Dios, y lo que significa en sus vidas diarias, necesitamos cambiar algunas de nuestras ideas así como nuestro lenguaje. Por esta razón, usaré el término "experiencia religiosa" en vez de "espiritualidad" en este ensayo. Creo que es un término más apropiado cuando se habla de lo que entienden de las mujeres hispanos de su relación con Dios.

Quizá la primera clave para hablar de nuestra experiencia religiosa es *describir* no *definir*. Las mujeres hispanas tienden a hablar sobre Dios y su relación con Dios, no en conceptos abstractos, sino con ejemplos de personas llenas de fe. Los siguientes ejemplos, de conversaciones con mujeres hispanas, prueban esto:

> Mi abuela era una mujer muy religiosa. En la familia ella era el epítome de la fe, el epítome de la religión. Y eso era así no sólo en mi familia sino en la comunidad y eso todavía es cierto. Mi primer recuerdo de la oración es el de ir con mi abuela a visitar a gente en la comunidad. Ella ayudaba a otros, iba a estar con otros.[1]

> De una manera muy especial debo mencionar a un tío mío. Nunca se casó; era ciego de un ojo y sólo veía un poquito con el otro. En la casa mi madre tenía un altar, mi abuela tenía un altar...y cuando este tío se despertaba, lo primero que hacía era orar, el ejemplo que mi abuela, mi madre, este tío me dieron fue el de tener fe en Dios. Ellos siempre esperaban que un día las cosas serían mejores para nosotros. Quizá ellos no verían esos tiempos mejores, pero los más jóvenes sí.[2]

Si quiero aprender acerca de la experiencia religiosa de una mujer hispana podría empezar por preguntar, ¿Quién es la persona más santa que conoces?'' La mayoría de las veces, esa persona será la madre, abuela o pariente. La descripción de cómo vivía esa persona y el ejemplo que dieron es usualmente una indicación de las propias creencias de la persona acerca de lo que caracteriza una relación con Dios y su expresión en la vida diaria. En los dos ejemplos anteriores escuchamos a estas mujeres decir que la relación con Dios se caracteriza por el servicio a otros y se vive en un espíritu de esperanza.

Otra característica clave de la experiencia religiosa para las mujeres hispanas es que el *sentimiento* tiene prioridad sobre el conocimiento o el razonamiento. Lo importante al describir una experiencia religiosa no es ''intuición'' acerca de Dios sino los sentimientos que se hacen presentes cuando se ha experimentado la presencia de Dios:

> Nunca he pensado en describir a Dios porque para mí no es una persona, es como un sentimiento, una fuerza que me mueve, que me impulsa en momentos difíciles. Es una fuerza, algo que no puedo explicar.[3]

> Nunca he dudado de Dios, que yo recuerde. En todo momento, dondequiera que esté, siento su presencia. Si veo a una persona necesitada, siento dolor en el corazón, siento un dolor dentro de mí.[4]

Creo que el énfasis en el sentimiento refleja la intimidad que la gente siente en presencia de Dios. Más aún, es el ''sentimiento'' lo que despierta la conciencia y reconocimiento de la presencia de Dios, especialmente en aquellos que sufren. En las dos afirmaciones anteriores, estas mujeres hispanas experimentan la presencia de Dios como una fuerza que las fortalece para enfrentar momentos difíciles y como una llamada a la solidaridad con aquellos que están necesitados.

Al describir mi propia experiencia religiosa, mi punto de partida es siempre mi abuela. La recuerdo como la que me introdujo a la iglesia y me permitió caminar a su lado mientras me contaba historias de fe y paciencia. Ella tuvo una vida dura incluyendo haber quedado huérfana a los tres años de edad y viuda a los veintitrés. La sacaron de la primaria para que se quedara en la casa a ayudar a una madrastra inválida; más tarde, trabajó como sirvienta, cocinera y empleada en una cafetería para mantener a sus hijos. A pesar de esta historia, lo que la caracterizaba no era la amargura sino una habilidad insaciable de amar. Esto se expresaba en su entrega a otros y su compasión. La Virgen de Guadalupe era su mejor y más íntima amiga; no había nada que no discutiera con ella. En compensación, la Virgencita la consoló y la acompañó en tiempos difíciles. Cuando yo decidí ingresar al convento mi abuela no estaba nada contenta y, como me confesó muchos años después, incluso trató de desanimarme. Tenía miedo de que esa forma de vida me robara la felicidad. Sin embargo, después de visitarme en el convento y ver que yo era feliz, fue a disculparse con la Virgen. Mi abuela siempre estuvo cerca de la iglesia. Iba a la misa diaria y rezaba interminables rosarios. Y sin embargo, siempre estaba feliz y dispuesta a ayudar a los demás. Ya sea que estuviera asistiendo a misa o sirviendo a los demás, todo era en nombre de Dios. De ella aprendí que amar a Dios es amar y perdonar a los demás, pura y sencillamente; eso es todo lo que se espera de nosotros. Cuando la edad disminuyó su ritmo y no podía ofrecer servicio a los demás, su regalo era su presencia. En sus últimos años, y hasta que murió, pienso en ella como simple generosidad. Tan sólo estar con ella era un regalo. Me dejó una imagen de Dios como una abuela, con los brazos abiertos, lista a envolverme en su abrazo.

Cuando ingresé al convento, fui iniciada en el concepto de ejercicios espirituales: actividades racionales para fortalecer la vida espiritual. El regimen diario de oración incluia meditación, auto-evaluaciones introspectivas y recitación de oraciones. Por años traté de ser fiel a esta prescripción para nutrir la relación con Dios, pero nunca parecía ser suficiente. Nunca *sentí* realmente que estaba orando, u orando lo suficiente. Constantemente estaba tratando de dedicarme a la oración y esperando que todo el esfuerzo tenía que venir de mi parte.

Un verano me encontré en una casa de retiro en Cuernavaca, México, que parecía el ambiente perfecto para la oración. Estaba lleno de paz y tranquilidad y tenía jardines hermosísimos. Además, tenía tiempo para orar; no tenía ninguna excusa. Sin embargo, aunque paseaba por el jardín, me sentaba en el balcón e iba a la capilla, no podía ''orar''. Todo el tiempo estaba luchando contra las distracciones. Finalmente, una mañana estaba tan frustrada que decidí darme por vencida y dar un paseo. Tan pronto como di un paso fuera de la gran puerta, vi a un hombre doblado por el peso de un bulto enorme. Me *sentí* muy mal y supe que acababa de encontrar a Dios. Caminé un poco más y vi a una mujer con un niño a su espalda y otros dos colgados de su falda. También esto me provocó un sentimiento de dolor y tristeza y, de nuevo, supe que acababa de encontrar a Dios sufriendo. En todo el camino al pueblo seguí viendo el rostro de Dios en las caras y el sufrimiento de aquellos junto a quienes pasaba. Me *sentí* muy conmovida y me di cuenta de que había estado orando todo el camino. Descubrí que había pasado todos esos años tratando de orar de una forma totalmente ajena a mí. No es de extrañar que tuviera tanta dificultad, si había desconfiado de mi propia experiencia.

Me di cuenta de que me había limitado a lo que me habían enseñado sobre la oración y me había cerrado a todas las otras formas en las que Dios me hablaba. Esa fue una lección importante para mí porque empecé a comprender cómo la oración había sido separada e individualizada; lo cual no sólo había limitado mi comprensión de la oración sino también invalidado la forma en que la mayoría de los cristianos oran. No era de extrañar que tanta gente llegara a dudar de su propia habilidad para orar y pensara quo sólo las monjas y los sacerdotes oraban realmente. Yo misma había aprendido a dar más importancia a la oración institucionalizada que a mi propia experiencia y a la sabiduría de mi abuela.

Estoy consciente de que la manera en la que oro es estar en la presencia del pueblo de Dios, especialmente los que sufren y los desposeídos. Mi concepto del LUGAR apropiado para orar también ha cambiado. Vivo en un refugio con mujeres y niños sin hogar y esa es mi iglesia—mi lugar de oración. El primer desafío era identificar dónde encuentro a Dios más naturalmente y luego confiar en esa experiencia. Al hacerlo, también doy valor a lo que aprendí de mi abuela. Reconocí que la forma en que la oración ha sido apropiada e institucionalizada por una minoría religiosa masculina se ha separado de la realidad y ha puesto la experiencia religiosa en la esfera de lo privado. Se ha presentado la oración como una relación entre Dios y yo. Este enfoque individualista, especialmente para las mujeres hispanas, está en conflicto con la piedad comunitaria de devoción amorosa con la que se nos ha educado.

Esencialmente, creo que la experiencia religiosa de las mujeras hispanas se caracteriza menos por las prácticas piadosas y los pensamientos devotos y más por una piedad vivida en actos concretos de amor y justicia.

NOTAS

1. Ada María Isasi-Díaz and Yolanda Tarango, C.V.V.I., *Hispanic Women, Prophetic Voice in the Church* (Las mujeres hispanas. Voz profética en la Iglesia) (San Francisco: Harper & Row, 1988) 28.

2. Ibid., 40.

3. Ibid., 16.

4. Ibid., 23.

2

Luchar por la justicia es orar

Ada María Isasi-Díaz

En octubre de 1967 fui invitada a ocupar el lugar de honor en una procesión en una barriada en las afueras de Lima, Perú, donde estaba trabajando. El lugar de honor estaba inmediatamente enfrente de la imagen de El Señor de Los Milagros, de cara a él.[1] ¡Esto significaba que tenía que caminar hacia atrás! Durante las largas horas de la procesión (continuó durante un segundo día), vi gente orando frente a la imagen, ofreciendo flores y velas a El Señor. Mujeres descalzas caminaban junto a mí en cumplimiento de promesas que habían hecho. Niños pequeños eran levantados en alto y se les hacía tocar la imagen. La procesión se detenía repetidamente en elaborados altares decorados con flores y velas y construidos enfrente de casas muy pobres. No fue sino hasta mucho más tarde que me di cuenta del profundo significado que esta experiencia iba a tener para mí.

Yo era en ese tiempo miembro de una comunidad religiosa canónica. El trabajo en esta parroquia era mi primera misión. Llena de las mejores intenciones, trabajé muy duramente; quería ganar almas para Jesús y ayudar a la gente a ser buenos católicos. Había visto mi trabajo con quienes estaban a cargo de la procesión como una maravillosa avenida para instruirlos acerca de las enseñanzas de nuestra Iglesia, acerca de la fe católica que declaraban suya. Mi mentalidad ''misionera'' ya había sido desafiada y mi celo ''misionero'' había sido de algún modo reprimido por la teología de la liberación que había empezado a florecer en ese tiempo en Lima. Mi director espiritual me había aconsejado pasar mi primer año en Lima escuchando.

"Ve a reuniones y escucha; en la iglesia, escucha a las mujeres cuando rezan frente a las estatuas; escucha a los estudiantes cuando evalúan sus retiros y proyectos". El sentido de "el privilegio del pobre" estaba empezando a convertirse en eun principio básico para mí.

Al caminar a casa después de la procesión, me di cuenta de cúan privilegiada era de haber sido parte de tal efusión de fe—la fe de los pobres y de los oprimidos que los mantiene, que es su sostén en las situaciones más difíciles. Sentí que mi bien razonada fe, una fe supuestamente sofisticada iluminada por la forma "correcta" de teología, no era ni más profunda ni más agradable a Dios que la fe de la gente pobre que yo había visto expresarse durante dos días. En las semanas que siguieron me fui dando cuenta más y más de la profundidad de esa fe. Llegué a comprender que su falta de sofisticación al explicar y expresar la fe no significa que su fe era hueca. Quizá la enseñanza más importante de la experiencia fue que llegué a confiar en las ideas y las prácticas religiosas de los pobres y los oprimidos. Desde entonces, he aceptado su religiosidad como parte de la revelación continua de Dios en nuestro mundo—en mi vida.

Mortificación & Oración = ¿Santidad?

Recientemente encontré una carta que les había escrito a mis padres el primer mes que estuve en el noviciado. En ella describía la "santidad" de una de las novicias más antiguas a quien yo admiraba grandemente. Al leer lo que había escrito, recordé el profundo deseo que entonces tenía de ser santa. En ese tiempo, la santidad en el convento se definía en términos de mortificación y largas horas de meditación y oración. Como persona de diecinueve años, luchaba por acercarme a Dios haciendo lo que aquellos que tenían autoridad me decían que hiciera. Pero no servía para nada. No me sentía más cerca de Dios; no podía convencerme a mí misma de que era una terrible pecadora; no veía ninguna razón para flagelarme; no veía ninguna razón para pensar que había fallado terriblemente cuando me quedé dormida en la capilla durante la meditación a las 5:30 de la mañana.

Mientras más oía de la vida espiritual, la salvación del alma, la vida de oración, la santidad y la espiritualidad, más pensaba que el convento no era el lugar donde debía estar. Empecé a preguntarme cual sería el lugar donde debía estar. También empecé a preguntarme lo que realmente significaba ''espiritualidad'' o quién, además de las monjas, usaba alguna vez esa palabra. Por ejemplo, no recordaba que mi madre, una de las influencias más fuertes en mi vida, hablara de espiritualidad. Poco a poco empecé a darme cuenta de que la palabra ''espiritualidad'' se usaba a menudo usada para separar a las monjas y sacerdotes de otros y por encima de ellos.

En esos años del noviciado, mientras más fallaba en mi transformación para ser ''espiritual'' más me convencía de que Dios me estaba llamando para ejercer un ministerio entre los pobres. Debido a que todos los mensajes que recibía por no ser suficientemente ''espiritual'', no sacudían esta convicción, empecé a poner en tela de juicio el significado de ''espiritualidad''. Mucho más tarde vine a darme cuenta de que lo que no podía aceptar era la falsa noción de que el alma es una entidad separada, de que uno puede contraponer cuerpo y espíritu como si la persona humana pudiera dividirse en dos.

Mi incomodidad con la palabra ''espiritualidad'' y la forma en que todavía se usa comúnmente siguió aumentando a medida que terminaba mis años de formación cuando me asignaron un trabajo en Perú. La espiritualidad, para la mayoría de las monjas y sacerdotes, continuaba ser equiparada con oración, meditación y penitencia. Más aún, se me aconsejó repetidamente que estas prácticas debían alimentar mi ministerio. El haber llegado a creer en la revelación continua de Dios a través de la lucha por la supervivencia de los pobres y los oprimidos sólo vino a complicarme las cosas. ¿No eran santos los pobres y los oprimidos porque no rezaban formalmente todos los días? ¿Aquellos que rezaban largas horas, hacían penitencia y meditaban eran más agradables a Dios que la mayoría de la gente que ni siquiera iba a misa cada domingo?

Aunque no lo articularía sino hasta años más tarde, fue entonces que empecé a darme cuenta de que la experiencia vivida de los pobres y los oprimidos iba a ser la fuente de mi teología, el fundamento de lo que creo acerca de Dios y la base para entender lo que Dios quiere de mí. Cobré conciencia de que ellos estaban demasiado ocupados luchando por la comida, para un techo para abrigarse y medicina para sus hijos, como para preocuparse de salvar sus almas. Su diario luchar para encontrar el sustento corporal era paralelo al original ''danos hoy nuestro pan de cada día''.

Oro mejor trabajando por la justicia

Desde aquellos días en Perú, a mediados de los sesentas, he llegado a comprenderme a mí misma como una activista por la justicia. El comprender que la opresión de las mujeres hispanas está hondamente enraizada en el patriarcado y el prejuicio étnico/racial tan prevalente en este país, me ha proporcionado un punto de entrada a la lucha por la liberación. Lo que hago y quien soy están en gran medida definidos por esta lucha. Y creo que mi participación en la lucha por la liberación es lo que me ayuda a convertirme de lleno en la persona que Dios quiere que sea: un yo al cual acojo con gusto, el cual me gusta y valoro altamente.

A medida que han pasado los años he aceptado que el afán de vivir al máximo mediante la lucha contra la injusticia es lo que nos acerca cada vez más a la divinidad. Acercarse a Dios y luchar por la justicia han llegado a ser una misma cosa para mí. Luchar por mi liberación y la liberación de las mujeres hispanas es una praxis liberadora. Esto significa que es una actividad tanto intencional como reflexiva; es una práctica comunitaria que se alimenta del descubrimiento de que Cristo está entre nosotros cuando nos afanamos por vivir el mensaje de justicia y paz del evangelio.

Siguiendo el ejemplo de las mujeres hispanas del pueblo, no pienso en términos de espiritualidad. Pero sé que soy una persona con una profunda relación con lo divino, relación que encuentra su expresión al participar en marchas de protesta más que al arrodillarse, al solidarizarse con los pobres y los oprimidos más que al ayunar y mortificar la carne, al afanarse por estar apasionadamente comprometido con los demás más que al estar desapegado, al tratar de ser fiel a quien soy y lo que creo que Dios quiere de mí más que al seguir prescripciones para la santidad que requieren que me niegue a mí misma.

NOTAS

1. La devoción principal en Perú es al Señor de los Milagros. La imagen es el cuadro de la crucifixión, con las dos Marías al pie de la cruz, y la mano de Dios Padre y la paloma representando al Espíritu Santo sobre el crucifijo. La devoción empezó hace mucho tiempo cuando un muro con un fresco de la crucifixión fue todo lo que quedó en pie en una iglesia después de un terremoto. Millones participan cada año en la procesión principal. Casi cada parroquia tiene su propia procesión. Con frequencia se me invitaba a la parroquia en la que fui madrina de las Damas de El Señor de los Milagros para asistir a la reunión de la hermandad de El Señor de los Milagros. Más tarde en ese año fui madrina de una de las cuatro escuadras de hombres que cargan la imagen durante la procesión.

2. En un intento de ''revisar la realidad'' tal como la veía, muy al principio de mi noviciado me atreví a hacer algunas preguntas al padre Phillips, nuestro confesor extraordinario que venía una vez al mes (nos confesábamos semanalmente con un confesor ordinario). El padre Phillips había sido misionero en China y había sobrevivido tres años de cruel prisión en el tiempo de la revolución comunista. ¡Siempre sentiré a él le debo el ver que no había nada malo en mí por no entender la voluntad de Dios y la santidad como los demás las entendían!

3

"Mi querida Mamá"

Consuelo Covarrubias, P.B.V.M.

Mi querida Mamá:

Me invitaron a escribir acerca de mi espiritualidad como religiosa hispana. Aunque ya no estás conmigo, me parece correcto compartir esto contigo, ya que tu amor y tus valores forman la pauta de mi manera de entender a Dios. Sin embargo, esta breve carta sólo me permite compartir unos cuantos recuerdos que me ayudaron a formar mi espiritualidad.

La espiritualidad es una forma de vida que revela lo sagrado y cultiva la relación con lo sagrado y con el Todopoderoso. Yo vivo una espiritualidad cristiana, nutrida por mi relación con Jesucristo. Los "ojos" a través de los cuales aprendo acerca de mi Dios son la identidad y la cultura. Mamá, siempre me dijiste que era mexicanita. Yo pregunté "¿Por qué?" "Porque" respondiste "tu papá y tu mamá son mexicanos". Simple. También nos enseñaste a tus nueve hijos a orar y leer en español antes de empezar el primer año de la escuela. Todos los días comíamos la simple comida mexicana ordinaria que se ponía delante de nosotros.

Tú me enseñaste a conocer a Dios de muchas maneras a través de mi infancia. Antes de ingresar a la escuela me paraba de puntas para echar un vistazo al altar que cubría la parte superior del alto tocador blanco de tu alcoba. Una estatua de la Madre Bendita se erguía en el medio rodeada de estampas de tus santos favoritos y Nuestra Señora de Guadalupe. Velas y un rosario custodiaban el frente. Apilados a un lado estaban los gastados, manoseados libros de oraciones que tú y papá usaban.

Ocasionalmente en una tarde tranquila abrías el gran baúl que llenaba la esquina de la alcoba. A mí, todas las cosas que contenía me inspiraban una reverencia especial. Me gustaba cuando abrías la caja verde con muchos listones rojos, blancos y verdes arreglados como pequeños corsés con botones especiales prendidos de ellos. Estos botones tenían las caras de nuestros ''héroes''. Me acuerdo de haber sostenido en mis manos el que tenía el retrato del Padre Hidalgo. Nos dijiste que él era el gran hombre que guió al pueblo a la victoria durante la guerra de México por la independencia y nos contaste pequeñas historias de cómo Dios y Nuestra Señora de Guadalupe lo acompañaron. Una caja color crema atada con un lazo de seda guardaba tus fotografías favoritas. Tú nos hablabas de cada persona que aparecía en las fotografías. Las historias giraban en torno a nuestros parientes. Hablabas de cómo Dios favorecía, celebraba y aún cuidaba a los malvados. Dios era algo grande en tu vida, Mamá, y a mí Dios me parecía inmenso. Si la historia era feliz o graciosa, me imaginaba a Dios como un sol, cálido y amistoso. Si contabas una historia triste que implicara dolor, sentía a Dios como si estuviera en un día nublado. Cogías el retrato de Abuelita y nos contabas cómo tenías que trabajar después de la escuela, ayudándola a preparar y servir la comida para los hombres que trabajaban en las minas de oro. Hablabas de las peligrosas condiciones y de los bajos salarios que ganaban. Nos asegurabas que Dios le pagaría al injusto patrón lo que merecía y haría llover compasión sobre el pueblo. Recuerdo haber sentido a Dios en la oscuridad, eliminando el mal y consolando a los pobres. De algún modo aprendí a nunca temer la oscuridad porque Dios estaba en ella cuidando de aquellos que lo necesitaban. Mamá, tanto tus historias como tus acciones me afectaron. Cuando íbamos al pueblo siempre saludabas en tu inglés imperfecto a todos los que te encontrabas y propagabas calor con tu sonrisa. Todos merecían respeto a tus ojos, ya fueran anglos, nativos o nuestra propia gente. Recuerdo que pensaba para mis adentros. ''Así que ésto es lo que mamá quiere decir cuando nos dice que Dios quiere que amemos a los demás''.

En la escuela, aún mis maestros parecían estimularme a ser clara al explicar lo que Dios significaba para mí. En el otoño de mi último año, uno de mis maestros favoritos me preguntó qué planeaba hacer con mi vida. Contesté que quería ser maestra como mi hermana mayor María, o agente del condado como Hazel Thompson. Como quiera que fuera, quería ayudar a la gente. La pregunta me sacudió. Durante la Cuaresma de ese año hice visitas especiales a nuestra iglesia parroquial cada vez que veníamos al pueblo. Rezaba por mi prometido que estaba en el servicio militar, y también meditaba sobre la pregunta de mi maestro. "Planear mi vida" parecía significar algo más amplio que prepararme para la universidad o para casarme. Pedí a Dios que me ayudara para que pudiera tener paz en mi corazón y una respuesta para mi maestro. Empecé a usar una de esas jaculatorias o mantras que siempre murmurabas para tí misma a lo largo de todo el día como: "Alabado sea el santísimo sacramento del altar, en los cielos, en la tierra y en todo lugar" y "ayúdame Señor". Las decia dentro de mí una y otra vez, como tú lo hacías. Para cuando la primavera, la ceremonia de graduación y las fiestas se terminaban, sabía que "planear mi vida para poder ayudar a la gente" significaba incluir a Dios de una forma muy especial. El sábado fui al confesionario para hablar con el sacerdote. Le pedí que me ayudara, porque quería hacerme monja.

La vida religiosa era un paso más hacia la profundización de mi relación con Dios. Mis primeros días de formación constituyeron una estimulante transición en este proceso. No te lo dije Mamá, pero lo más difícil para mí, al principio, fue vivir bajo un horario rígido. Era como se lee en Eclesiastés 3: había un tiempo para levantarse, un tiempo para comer, un tiempo para estudiar, un tiempo para cumplir tareas, un tiempo para recrearse y un tiempo para no recrearse, un tiempo para orar, un tiempo para dormir, un tiempo para el Gran Silencio y encontré un tiempo para llorar. Extrañaba mi casa.

Con la ayuda de mis compañeras del noviciado, pronto me acostumbré a vivir en un mundo totalmente diferente. Me adapté a la comida y aún a rezar el Oficio. Mi entera existencia en ese tiempo estaba planeada para que estuviera alejada del mundo real. Esa era la espiritualidad de la época. Recuerdo que como jóvenes profesas, Judy y yo nos sentábamos cerca de la ventana de la clase mirando a la gente salir de la Misa. Cuando toda la gente se había ido, nos íbamos a pasear. Gracias a Dios por el Vaticano II y la renovación de la vida religiosa. Ocurrieron cambios maravillosos y positivos. Estudiamos nuestra historia para redescubrir el espíritu y carisma de nuestra fundadora a la luz de los tiempos y del espíritu de los evangelios. Ahora es reconfortante salir de la Misa del domingo con la gente y pararme a platicar con los padres de mis alumnos, como la gente común. Pronto se abrieron las puertas para una interpretación más amplia del ministerio.

A principios de los años setenta empecé a dar clases en equipo en el programa Bilingüe de las Escuelas Públicas de Milwaukee. Por primera vez hice amistad con otros hispanos y me di cuenta de que había perdido gran parte de mi identidad cultural. Me sentía enojada, decepcionada y engañada. Al sufrir mi pérdida me distancié de mi comunidad religiosa. Sentí que nadie comprendería mi vacío y dolor; ni yo misma podía articularlos en ese momento. Afortunadamente para mí, Mamá, recibí permiso para hacer los treinta días de ejercicios de San Ignacio. Este fue el principio del cambio en mi vida. Cada día experimentaba un sentido diferente de Dios, especialmente durante mis caminatas rodeada de la naturaleza. Esa experiencia me dio la libertad de preguntarme incluso si quería permanecer en la vida religiosa. Descubrí que Dios me seguiría amando sin importar mi estilo de vida. Confirmé mi llamado a trabajar con la gente, pero esta vez sabía que debía concentrarme en mi gente hispana. Sería de ellos que yo reclamaría mi identidad cultural, sería con el pueblo que descubriría yo nuevas imágenes de Dios y un nuevo sentido de la iglesia. Creo que lloré por días. Eran lágrimas de paz y gozo. Elegí permanecer en la vida religiosa y también escogí estar con los más necesitados. En ese entonces no sabía que estaba optando preferencialmente por los pobres. Con el tiempo, después de un período de preparación en el Centro Cultural Mexicano Americano en San Antonio, Texas, y con total apoyo de mi congregación, dejé el salón de clases y empecé el ministerio pastoral hispano.

El ministerio fue otra estapa en la jornada de mi vida que me puso frente a frente con mi Dios a través de la gente a la que acompañé y las circuntancias de sus vidas. Aprendí que nuestro Dios es un Dios que nos llama a la libertad. Jesús murió para que nosotros pudiéramos tener vida en abundancia (Juan 10,10) También descubrí que uno de los regalos más maravillosos que he recibido de Dios es la habilidad de usar mis talentos en el trabajo pastoral para sacar a la luz algo de esa libertad. Mamá, es tan bueno ver a la gente convertirse en agentes de cambio. Indagan, se comprometen, ¡y pronto usan sus dones, crecen y toman posesión de su pequeña comunidad cristiana, su trabajo voluntario, su parroquia y aún su comunidad cívica! Recuerdo que tú y papá estaban entre los organizadores principales de las fiestas patrias en su época. Una vez hasta trajeron a Montana a los mexicanos de la orquesta sinfónica de Denver para tocar el 16 de septiembre. Destacó nuestra cultura y trajo buena voluntad a la comunidad.

Algunas veces en mi ministerio he estado en situaciones donde partes de el no eran sanas ni se estaban desarrollando. Entonces tengo que tomar decisiones que lo reaviven. Esto me fuerza a acudir a mi habilidad de ''dejar ir''. Recuerdo que siempre que hacías planes o contemplabas una nueva acción añadías, ''Si Dios nos da licencia''. Esa era una de tus maneras de ''dejar ir''. He descubierto que decir ''Si Dios me da licencia'' no disminuye la tristeza y el dolor de tener que desarraigarse y dejar a la gente compasiva con la que he caminado. He aprendido a asumir los recuerdos gozosos tanto como el dolor. He dejado aplacarse el dolor dentro de mí para continuar la travesía de mi vida.

Mamá, mi espiritualidad en el sentido amplio es encarnacional y eclesial, cuya fuente de significado y vida es Jesucristo, pero en un sentido personal encuentro que la palabra travesía parece ser adecuada para mí. Así como tú y papá viajaron desde México y vinieron a una nueva tierra, sabiendo que Dios siempre estaría a su lado, yo me encuentro en un viaje en este país. Sé que Jesús es mi compañero y que yo soy su seguidora, caminando con otros en comunidad para construir el reino de libertad de Dios aquí en la tierra.

Estos breves trozos de mi vida revelan solamente pequeñas porciones de mi travesía espiritual. Mis raíces hispanas y el carisma de mi congregación dan color al mapa de mi vida. La oración y el discernimiento son algunas de las provisiones que me sostienen en mi viaje. Mis talentos y dones son los instrumentos que me ayudan a construir el reino de Dios. Gente especial ha sido mi guía y eventos especiales las señales en mi respuesta a lo sagrado. Le agradezco a mi maestro favorito de la secundaria por provocar un discernimiento inicial de mi vida, pero especialmente te agradezco a ti, Mamá, por enseñarme mi fe y fundamentarme en una experiencia de Dios a través de tus historias y tu propio amor enérgico y compasivo por la gente. Al continuar mi viaje espiritual, sé que contaré contigo para que me ayudes, no sólo a mi misma sino a todos aquellos con quienes camino. ¡Gracias por ser mi mamá!

Tu querida hija,
Consuelo

NOTA

1. Notas de la clase Espiritualidad 1 con el Dr. Ed Sellner, College of Saint Catherine, St. Paul, Minnesota, 1987.

4

El pozo

Marco Antonio López Saavedra

Como ocurre a la mayoría, hay ciertos recuerdos de mi niñez que se han quedado conmigo. Algunos de éstos son recuerdos de lugares, gente y costumbres. Como mexicano nacido en Chicago, pasé tiempo entre Chicago y México. En particular, dos años de mi niñez los pasé en San Luis Potosí donde mi mamá nació y mi papá creció. Los primeros recuerdos de mi niñez son de esos dos años y de la casa en la que mi mamá y mis tías tenían tantos recuerdos suyos. Una de las cosas que recuerdo es un pozo que se encontraba en el patio trasero de la casa. Recuerdo haber pasado mucho tiempo en ese patio jugando y haciendo el tipo de cosas que hacen los niños de cinco años. Muy a menudo sentía que el pozo estorbaba el camino. Nos impedía a mi hermano y a mí extendernos en nuestro juego de futbol o bien siempre parecía favorecerlo a él, ya que podía maniobrar muy bien alrededor de él y marcar puntos contra mí antes de que yo pudiera hacer nada. Otras veces, mientras yo andaba en mi triciclo, pretendía que era una casa alrededor de la cual iba dando vueltas.

El pozo en sí parecía muy simple. No era circular ni hecho de ladrillo, sino que era más bien un bloque de cemento con una barra transversa y una apertura encima que usualmente estaba cubierta con una placa de metal. No era muy a menudo que yo pudiera mirar hacia adentro para ver qué tan profundo era o qué había en el fondo. Nunca ví a nadie sacando agua de él, aunque más tarde me enteré de que durante épocas de sequía demostró ser importante aún para algunos de los vecinos. A mí, sin embargo, me parecía que la gente siempre estaba echando algo en él, como el agua sucia del trapeador, o el agua que quedaba después de lavar los platos o regar las plantas. A medida que crecía, también creció mi curiosidad y me trepaba sobre él y gritaba para ver si había alguien en el pozo. Siempre tenía mucho cuidado de no caerme y me aferraba con fuerza a la barra o a una cuerda que ocasionalmente colgaba de la barra. Algunas veces tiraba algunos guijarros al pozo y oía el sonido del agua al salpicar, pero eso no era indicación de cuánta agua había. A veces pensaba en el pozo y otras veces me tenía sin cuidado y continuaba con mi tarea de disfrutar mi vida como niño de cinco años. Para mal a para bien, allí, en el centro del que era mi mundo, estaba ese misterioso pozo del que a veces quería saber más y al que a veces simplemente ignoraba.

Mi experiencia con el pozo se asemeja mucho a mi experiencia con la espiritualidad. Durante la mayor parte de mi vida, parecía pensar sólo en lo que veía del pozo y nunca le di mayor consideración a su profundidad. A veces el pozo, como mi espiritualidad, era una parte maravillosa de mi vida y otras una obstrucción o algo con lo que no quería tener nada que ver. Sin embargo, tanto el pozo como mi espiritualidad siempre han estado presentes. La continua reflexión me ha llevado a preguntarme ¿qué es lo que hace al pozo ser pozo? ¿El bloque de cemento? ¿El agujero? ¿O era el agua bajo él? De modo similar, ¿qué es la espiritualidad? ¿Está en nuestra mente? ¿Es el conjunto de nuestros valores y creencias? ¿nuestra religiosidad? ¿Es nuestra esencia misma? Todas estas son cuestiones que me he preguntado y contestado, para luego darme cuenta de que en realidad no eran contestadas. Esto último es, para mí, lo más fascinante. Las preguntas sin contestación me hacen continuar buscando.

Siempre que he pensado en el pozo, me he maravillado de cómo llegó allí. Aparentemente, ya estaba allí cuando mi mamá y sus hermanas se mudaron a la casa poco después de que mi abuela murió. Supongo que este pozo, como otros, fue hecho o cavado por humanos en respuesta a una necesidad de agua. El pozo mismo ya existía debajo de la tierra por un tiempo muy largo. Fue sin embargo la unión de la naturaleza y lo humano lo que creó el pozo. Cada uno dependió del otro para cumplir su propósito. El agua quizá nunca hubiera alcanzado la superficie de no haber sido por manos humanas. ¿Podría Dios ser como esta agua que corre profundamente y que nos llama a establecer una conexión con lo divino para sacar vida de él?

Creo que nuestra espiritualidad es de hecho como esta relación con el pozo. La fuente de vida para el pozo es el agua, que en su relación con la humanidad, encuentra su identidad y da vida a aquellos que hacen uso de él. De la misma manera, mi espiritualidad es mi pozo. Dios es mi fuente de vida y en mi relación diaria con Dios y toda la creación, encuentro una identidad que me da vida. Esta identidad viene del espíritu con el que nacemos y que pasamos nuestra vida tratando de descubrirlo. Todo esto tiene lugar en el trascurso de nuestra historia individual que incluye nuestras relaciones. Por tanto sería imposible para mí ser espiritual sin tomar en cuenta mi propia historia.

Este proceso de extraer vida del pozo y la forma que toma, depende de quién ayudó a cavar el pozo, quién depositó cosas dentro de él, quién ha extraído vida de él. ¿Quién ha sido parte de mi conexión con Dios? ¿Quién ha depositado o contribuido? ¿Quién ha extraído vida de él? Pensando en éstos y otros elementos de mi espiritualidad, inmediatamente pienso en los valores fundamentales de mi vida. Uno de los elementos más fuertes que siento dentro de mi propia espiritualidad es la cercanía con los miembros fallecidos de mi familia. A semejanza de los guijarros que solía tirar dentro del pozo haciendo que el agua se ondulara, una persona que siempre ha tirado guijarros en mi pozo ha sido mi mamá, quien me contó historias de mis tías y tíos, y particularmente, mi abuela y la tía Emilia. Nunca conocí a mi abuela Natividad pero la conozco bien. Ella y tía Emilia siempre fueron parte de la vida de mis hermanos, hermanas, primos y mía. Mi abuela era una mujer muy trabajadora que vivía y trabajaba para sus hijas. Era la clase de mujer que siempre tenía suficiente comida para ofrecer a las visitas aún cuando había poca comida para todos. Su trabajo como costurera era físicamente muy exigente y afectó particularmente su vista. Todo lo que hizo, todo su trabajo y caridad, era motivado por su amor a sus hijas. Mi tía Emilia, o Mamá Melita como la llamábamos, relevó a su mamá, pasó toda su vida cuidando a sus otras dos hermanas y, eventualmente, sus sobrinas y sobrinos. Había poças cosas que mi mamá no tuviera durante su juventud gracias a Mamá Melita. Tanto mi abuela Nati como Mamá Melita eran dadoras de vida; era natural desde luego que los recipientes de tanto amor hicieran lo mismo por otros.

¿Cómo es que conozco a alguien a quien nunca vi y estoy tan inspirado por alguien que es sólo un vago recuerdo? Supongo que es resultado de que personas como mi Mamá tiraran guijarros en mi pozo. Algunos de estos guijarros tenían forma de historias, ficticias y no ficticias. Mi prima, por ejemplo, solía congregar a mi hermano y hermanas y a mí para contarnos su versión de la relación de Dios con algunos de los queridos difuntos. Según ella, cada noche los muertos se levantaban y hacían una procesión por el cementerio. En su procesión iluminaban su propio camino encendiendo un dedo como si fuera una vela. Según mi prima, los difuntos favoritos de Dios, que incluían a mi abuela y otros parientes, no tenían que encender su dedo porque siendo los favoritos de Dios, se les daba su propia vela. Ahora gozamos riéndonos mucho con esta historia pero para mí es también un ejemplo más de cómo aprendí que personas especiales como mi abuela tenían un lugar especial para Dios quien reconocía su importancia. Al mismo tiempo, esta historia ayudaba a hacer de la muerte algo familiar y no algo para ser temido. La creencia de que hay miembros especiales de mi familia acompañándome en la vida y que puedo llamarlos en momentos de gozo así como en momentos de incertidumbre y desolación, me ha traído mucho consuelo.

Habían pasado años desde que había mirado en el pozo, mi espiritualidad, cuando algo muy inesperado ocurrió. Un día que siempre recordaré es el día en el que metafóricamente caí en el pozo. Todo pasó tan rápidamente. Hacía dos semanas que mi padre había ingresado por primera vez al hospital. Lo inevitable parecía estar cerca. Pedí ayuda a cada persona y espíritu en los que pude pensar, pero no hubo respuesta. ¿Averiguaría finalmente la profundidad del pozo? Estaba confundido, inseguro, y me sentía desprovisto de todo lo que una vez me protegió. No había tapa en el pozo que me salvara ni cuerda de la cual detenerme. Tenía miedo. Los parientes difuntos y los santos no me respondieron. Finalmente, traté de hacer un trato con Dios, pero no sirvió de nada. ¿Todos me habían abandonado?

Sólo quedaba una cosa por hacer. Era una idea que había tenido desde que tengo uso de la memoria, algo de lo que sólo había hablado pero nunca realmente había hecho. CONFIAR EN DIOS. Nunca antes las palabras ''hágase tu voluntad'' habían sido tan poderosas. Recuerdo esas palabras dando vueltas en mi cabeza y eventualmente saliendo de mi corazón. Fue entonces, y sólo entonces, que descubrí exactamente cuán profundo era el pozo, qué había en el fondo. En verdad, era agua...no el agua sucia que había imaginado tantas veces, sino agua clara corriente: la Fuente de la Vida.

Al tratar de volver a la superficie me percaté de que no estaba solo. Las mismas personas a las que había llamado pidiendo ayuda habían estado conmigo todo ese tiempo, incluyendo mi padre. Miré su imagen desvaneciéndose como una imagen en el agua después de que se ha lanzado una piedra, y sentí como si su último aliento se volviera mío. Recuerdo cuando dejé el hospital era una mañana fría nevada. Mi mamá, hermanos, hermanas y yo nunca seríamos los mismos. Fue en medio del dolor de todo eso que descubrí el consuelo de saber ''Lo tengo para siempre''. Mi padre viviría ahora en mí para siempre. Sentado en soledad la noche antes del entierro, pensé en cada miembro de mi familia y cómo él vivía y seguiría viviendo en todos nosotros. Fue en este nuevo soplo de aire que descubrí el amor como nunca lo había conocido y una esperanza renovada de que algún día estaríamos juntos otra vez.

A través de los años mis padres arrojaron muchos guijarros dentro de mi pozo. Tratando de descubrir cuáles fueron, emergen dos imágenes: amor y esperanza. El amor siempre existió en abundancia en nuestro hogar, aún a lo largo de luchas y conflictos, y la esperanza siempre ardió con fuerza de que a pesar de los tiempos difíciles, las cosas mejorarían algún día.

Al mirar adelante hacia el futuro sigo encontrando amor y esperanza. Descubro que el amor que mis sobrinas y sobrinos tienen por su abuela los motiva a estudiar español; su amor por su abuelo se expresa en las cartas, dibujos y flores que colocan sobre su tumba. Esta nueva generación parece estar formando su propio pozo. En todo esto encuentro la esperanza de que, aunque nuestros hijos puedan perder el lenguaje o costumbres o tradiciones de su pasado, el espíritu permanecerá igual.

5

La novena de tía Petra

Ricardo Ramírez, C.S.B.

Estudio de un caso—la historia de un acto de fe

Hace muchos, muchos años, tuve una experiencia de fe que ahora recuerdo como uno de los momentos más significativos de mi desarrollo espiritual. Es ese momento durante mis primeros años el que aquí presento como pieza central de este trabajo, escrito como reflexión personal sobre la fe hispana. Otros tal vez encuentren paralelos en su propia vida.

Era una noche fría en el sur de Tejas; un "Blue norther" acababa de pasar y despejar el cielo. En la frialdad vigorizante de esa noche, caminamos unas pocas yardas de la casa de mis abuelos, donde vivía mi familia inmediata, a la casa de la tía Petra y su familia. Yo no sabía por qué íbamos a la casa de la tía Petra. Después de la cena usualmente no hacíamos nada juntos, especialmente en el invierno cuando era incómodo dejar la casa. Esa noche, todos nos reunimos para iniciar la novena a Nuestra Señora de Guadalupe. Me enteré después de que esta era la costumbre anual de la familia extendida. Probablemente yo había visto antes el altarcito en la esquina de la sala de la casa de la tía Petra, pero nunca le presté mucha atención. Esta vez un par de velas estaban encendidas enfrente de la imagen de Nuestra Señora de Guadalupe, y todavía recuerdo los cuadros de las cuatro apariciones en cada esquina del altarcito. También recuerdo a mi tía Petra, una mujer a la que sólo había visto en su papel de tortillera, lavandera, preparadora de comida y mujer de la casa en general. Era una mujer con una sonrisa pronta y siempre tenía una palabra de aliento. Esa noche, sacó un viejo libro negro con páginas amarillentas y hechas jirones que se caían a cada rato. Sacó un rosario empezó a hablarle a la imagen a una velocidad increíble. Yo estaba totalmente extasiado con la escena entera; primero miraba la imagen con las velas vacilantes en frente, luego miraba a mi familia, concentrándome en lo que decían con la vista fija en la imagen de Nuestra Señora de Guadalupe. No recuerdo exactamente cuánto tiempo me cautivó la escena, pero sí recuerdo vívidamente lo que pasó después.

Cuando íbamos caminando de regreso a la casa de nuestros abuelos esa noche fría y oscura, tomé la mano de mi abuelo. Después de caminar unos cuantos pasos con él, se agachó, y sin razón explicable a excepción de su cariño hacia mí, me levantó y me sentó en sus hombros. Miré hacia arriba y vi un millón de estrellas contra el fondo negro del cielo. Fue en ese momento que sentí una presencia especial del Alguien que hizo esas estrellas, y de manera infantil, supuse que todas esas estrellas habían sido hechas para mí. Fue en ese contexto de devoción a Guadalupe, intimidad familiar y la sensación de grandeza, que sentí que Dios empezó iniciando conmigo una familiardad por toda mi vida. Creo sinceramente que mi vocación cristiana empezó en ese preciso momento…y todo en el ambiente creado por la novena de tía Petra.

Elementos fenomenológicos

La fe es la comunicación de Dios con nosotros por medio de mediaciones ''sacramentales'' tales como personas o grupos de personas, símbolos sagrados, sonidos, imágenes visuales, emociones y la grandeza de la creación. Todos estos elementos estaban presentes al ocurrir mi primer acto de fe. Primero que nada, Dios me habló en la intimidad y seguridad de la familia extendida. Para mí, es una verdad innegable que un Dios afectivo y personal sólo se puede experimentar en un ambiente afectivo y personal.

En la casa de tía Petra, me intrigó la centralidad de la Virgen de Guadalupe. La imagen era de algún modo familiar; la había visto antes, ya que está prácticamente en cada casa mexicana. Pero esa noche en particular, los miembros de la familia enfocaron su atención en esta imagen ya de por sí familiar.

No tenía forma de saberlo entonces, pero a lo largo de mi vida la figura central de Nuestra Señora de Guadalupe sería una fuente permanente de consuelo, fuerza y fascinación. Guadalupe iba a conectarme con la historia del pueblo mexicano desde su origen mestizo en el siglo dieciseis. Ese símbolo me ayudaría a llegar a mi identidad de católico mexicoamericano. La imagen de Guadalupe estaba siempre presente en mi niñez, y cuando tuve que dejar mi estado nativo de Tejas para ir al norte al seminario, llevé la imagen conmigo. Es interesante que la imagen era tan importante en mi vida que, a dondequiera que me asignaban, me aseguraba de que la imagen estuviera colgada en algún lugar de mi casa o de la institución a donde me enviaban y permaneciera allí cuando me fuera.

Al reflexionar sobre la novena de la tía Petra, estoy seguro que fue allí que descubrí el mundo de lo sagrado. Esto ocurrió al oir palabras nuevas y sagradas—el traqueteo de los rezos de tía Petra y el resto de la familia respondiéndole. Vi objetos que nunca antes había visto, tales como el rosario y el gastado libro de oraciones. Más todavía me impresionaron las diferentes posturas corporales y expresiones faciales de mi familia. No sucedía todos los días que todos en mi familia se arrodillaran juntos para proferir sonidos sagrados. Estaba seguro de que algo muy especial y extraordinario estaba ocurriendo, algo que tenía que ver con todo lo demás. No lo podía explicar entonces, pero ahora sé que era un encuentro en la cumbre de la montaña con el Dios invisible por vía de su madre visible.

Elementos teológicos

Los siguientes temas teológicos y conceptos acerca de Dios y el acto de fe estaban todos mucho muy presentes en la novena de tía Petra.

Dios se revela a sí mismo como Dios. Este es el principio básico de la revelación de Dios tal como se describe en la Constitución *Dogmática sobre la Revelación Divina, Dei Verbum*: ''A Dios le agradó, en su bondad y sabiduría, revelársenos y hacernos saber el misterio de su voluntad''.[1]

El Dios de Jesús es el Dios de amor, que ama desde lejos pero que también está muy presente. En otras palabras, nuestra creencia es en un Dios trascendente e inmanente. En el Antiguo Testamento, Dios está tan cerca que en las teofanías Dios mismo habla directamente con los patriarcas, profetas y reyes. En el Nuevo Testamento, el Señor Resucitado quiere asegurar a sus discípulos de su cercanía protectora; "No teman, soy Yo" (Mat 14,27). Tanto en el Antiguo como en el Nuevo Testamento, la ambivalencia de la trascendencia/inmanencia aparece una y otra vez. Al llamado de Moisés, el Señor está tan cerca, que los dos se hablan uno al otro, pero al mismo tiempo, el Señor mantiene una distancia: "¡No te acerques más! Quítate las sandalias de los pies, porque el lugar en el que te encuentras es tierra santa" (Ex 3,4-5). En la transfiguración, Jesús se transforma completamente y se vuelve "totalmente-otro" en un gesto imponente...aunque se crea una familiaridad y Pedro se apresura a decir "Señor, ¡qué bueno que estamos aquí! Con tu permiso, eregiré tres tiendas aquí, una para tí, una para Moisés, y una para Elías" (Mt 17,4).

La historia de Nuestra Señora de Guadalupe también refleja la trascendencia/inmanencia de la revelación divina. Nuestra Señora le habla tierna y amorosamente al indio Juan Diego. Juntos entablan unas conversaciones hermosas. Pero cuando uno examina la imagen dejada en la tilma de Juan, uno nota que, aunque el rostro es el de una joven india, hay otros signos que indican que ella es de algún lugar más allá, y no de este mundo. La tilma muestra a Guadalupe vestida con un manto lleno de estrellas; el sol está a su espalda; y hay una luna negra bajo sus pies.

Otro elemento teológico que estaba presente en la novena de tía Petra fue la forma en que ocurrió el acto de fe. El inicio del proceso de la fe siempre tiene lugar por mediación de alguien más. Creemos porque otros creen. La fe es por lo tanto "capturada" por medio de los testimonios de aquellos que están cerca de nosotros. Más aún, el acto de fe incluye a una persona en su totalidad: sicológica, emocional e intelectualmente.

Referencias y paralelos bíblicos

Reflexionando sobre la novena de tía Petra y mi propio acto de fe, veo un cierto paralelo en las Escrituras con Abraham y la promesa de una progenie "más numerosa que las estrellas". Abraham y yo tenemos algo en común; ambos experimentamos al Dios trascendente y contemplamos el cosmos.

También veo un paralelo entre mi primer acto de fe y Moisés y la vara ardiente. Mi "vara ardiente" fue la escena de mi familia extendida reunida aldrededor de la imagen de la Virgen de Guadalupe iluminada por la luz de la vela. Como Moisés, me sorprendió lo que estaba pasando, y al mismo tiempo, me cautivó. El Dios de Moisés era el Dios de tía Petra.

Si es cierto—y yo realmente creo en esto—que mi vocación a la vida cristiana y al sacerdocio la escuché esa noche, entonces la experiencia tiene paralelos con los anawin, las personas pequeñas en la historia de la salvación. La revelación y propósito de Dios ocurren tan a menudo en las Escrituras a través de los jóvenes, humildes y pobres, como David, Saúl, Isaías, Isabel, José, Simón y Ana, para nombrar sólo unos cuantos. Ahora soy el Obispo de Las Cruces, entonces era el hijo de una familia de migrantes que tenía tres o cuatro años.

Estoy seguro de que ha habido momentos en mi vida en los que he tenido imágines temibles de Dios, de alguien que juzga severamente, pero nunca he dejado de creer que el Dios que es y será por siempre es un Dios amoroso como está descrito en Juan 3,16: "Dios amó tanto al mundo, que envió a su hijo unigénito".

Las Escrituras a menudo relatan el misterio de la vocación tanto en el Antiguo como en el Nuevo Testamento. No sabemos exactamente por qué Dios escogió a los judíos, ni por qué Dios escogió a Abraham, Moisés y Jacob. En el momento de la vocación inicial, no hay razón por la que los profetas fueron escogidos, puesto que algunos admitieron su ignorancia y su indignidad. Lo mismo pasó en el Nuevo Testamento con Pedro que se tropieza, con Felipe que lo cuestiona todo, y con Tomás que lo duda todo. Es verdad que Pablo reconoce su propia lucha con su llamado, ya que no fue testigo ocular de la resurrección. Los que hemos sido llamados al sacerdocio muchas veces nos preguntamos, "¿Por qué yo?" y en mi caso "¿Por qué me escogió Dios, habiendo tantos otros con mayores capacidades intelectuales, espirituales y humanas?" Ese es el misterio de la vocación.

En las Escrituras, particularmente en Lucas y Juan, María tiene un lugar especial en la historia de la salvación. Su presencia en las Escrituras nunca es en detrimento de su Hijo, Jesucristo. El es siempre la estrella, o el sol, y ella la luna, reflejando sólo la luz que recibe de su Hijo. Quizá mi primer acto de fe es paralelo a la posición de la madre de Jesús en el Evangelio de Juan al principio de su misión terrenal en las bodas de Caná. Más tarde aparece en Juan sólo al final del Evangelio, al pie de la cruz. La madre de Jesús en Juan parece proporcionar el marco para el Evangelio entero. Aunque no se menciona en los capítulos de en medio, al aparecer al principio y al final, María está siempre presente, pero en el trasfondo. En mi propia jornada espiritual, la madre de Jesús ha estado siempre allí, cuidando, alimentando, comprendiendo y muchas veces, simplemente escuchando.

La realidad y funcion del Catolicismo popular hispano

El Catolicismo popular hispano, aún en estos tiempos post-Vaticano II, con su énfasis en la oración oficial de la Iglesia en la liturgia, todavía goza de una presencia fuerte y activa. Afecta a la gente de maneras profundas e indelebles, como ocurre en mi propia vida. El impacto del Catolicismo popular hispano no desaparece, aún después de una sofisticado educación teológica eurocéntrica, como es el caso con todos los sacerdotes norteamericanos.

Estoy convencido de que el Catolicismo popular nos conecta con nuestros antepasados. Nuestros actos de fe no están históricamente desconectados, sino que son parte de una corriente continua de fe que se remonta cientos de años. Esto, por supuesto, es parte de nuestra herencia judeo-cristiana, puesto que creemos firmemente en el mismo Dios de Abraham, Moisés, Jacob, María, José y Jesús. Pero nuestra fe es también la fe de Juan Diego, Santa Rosa de Lima, San Martín de Porres, Oscar Arnulfo Romero y tía Petra. Es la fe de los misioneros españoles, de los indios conversos de México, del pueblo mestizo del siglo dieciséis, de los insurgentes de la guerra por la independencia de 1810, y de los cristeros de los años veinte

de este siglo. Recordar la fe de los antepasados es recordar el
don de la fe y la carga que está conectada con él, es decir, la
responsabilidad de mantener viva la fe y pasarla a la siguiente
generación. Mi fe, entonces, tiene significado, no sólo para mí
y mi salvación, sino también para la salvación de aquellos a
los que no conozco porque todavía no han nacido, pero a los
que conoceré en los nuevos cielos y en la nueva tierra.

El Catolicismo popular hispano es también un transmisor
de la fe y los valores. Tiene una influencia formativa en la gente.
Influye en la priorización de la vida de una persona. Es una
influencia sutil pero real sobre las relaciones sociales de la persona. Habla de un mundo invisible de justicia, igualdad,
respeto, dignidad y felicidad donde las cosas son correctas. El
mundo simbólico del Catolicismo popular es un constante
recordatorio de que lo malo será rectificado, la justicia
prevalecerá y Dios ''recordará''.

Conclusión

Espero que las reflexiones personales anteriores ayuden al
lector a dilucidar lo que es único acerca de la espiritualidad
hispana. El tema es tan complejo como fascinante. Otros
grupos culturales cristianos podrán ver paralelos en lo que
describimos como ''hispano''. Tal vez sea cuestión del enfoque
y énfasis que los hispanos ponemos en aspectos específicos de
la fe y la devición. Para la mayoría de los católicos hispanos
la forma de la fe y los procesos de conversión tienen lugar en
el contexto del Catolicismo popular. Es a través del Catolicismo
popular que se entra a y se tiene experiencia del mundo de
lo sagrado. La riqueza de ese don es lo que los hispanos traen
a la liturgia, la oración oficial de la Iglesia. No podemos venir
con las manos vacías al altar de Dios cuando venimos a ofrecer
nuestra adoración. Esto se basa en lo que aprendimos en casa,
en la familia, de la gente cercana e íntima en nuestras vidas.
Empieza en todos nosotros cuando somos niños pequeños y
es alimentado a lo largo de nuestras vidas a medida que
crecemos en carácter, sabiduría y gracia.

El fenómeno del Catolicismo popular hispano es real e indudablemente poderoso. Le debo a la tía Petra mi profunda

gratitud por colocarme en el umbral de la fe y por trazar la trayectoria de mi vocación.

NOTA

1. Ricardo Ramírez, ''Hispanic Spirituality,'' *Social Thought* (Espiritualidad hispana) (Summer 1985) 6–15.

6

Recuerdos de mi adolescencia hispana

María Teresa Gastón Witchger

Antes de convertirme en madre, solía decirle a la gente, "ojalá que los niños nacieran adolescentes". La mayoría de la gente me miraba como si estuviera loca. Obviamente estaban influenciados por toda la mala prensa que la gente joven recibe. Habiendo salido adelante en mi propia juventud y habiendo trabajado con adolescentes por más de diez años, pienso que la adolescencia representa una época emocionante de crecimiento y desarrollo.

La adolescencia puede definirse como "un período cronológico que empieza con el proceso físico y emocional que conduce a la madurez sexual y sicosocial y termina en un momento indeterminado cuando el individuo logra la independencia y la productividad social. El período se asocia con rápidos cambios físicos, sicológicos y sociales".[1] Definida de esta manera, mi adolescencia duró cerca de diez años: desde el inicio de la pubertad a los doce años hasta que cumplí los veintitrés, cuando me gradué de la universidad, dejé mi casa, y obtuve un trabajo en otra ciudad. Para otros jóvenes hispanos que forman sus propias familias y trabajan para mantenerse a sí mismos a una edad mucho más temprana, la adolescencia puede durar tan poco como cuatro o cinco años.

La adolescencia es un período para empezar a confrontar preguntas como "¿Quién soy?" "¿Dónde me ubico?" "¿Qué voy a hacer con mi vida?" y "¿Con quién voy a compartir mi vida?" Estas interrogantes de identidad, intimidad y compromiso motivan al adolescente a relacionarse con Dios de una forma nueva.

En este artículo me gustaría trazar la forma en que mi espiritualidad como adolescente cubano-americana se desarrolló de tres maneras, como: centrada en Cristo, relacional y orientada a la justicia. También trataré de enfocar cómo mi cubanidad influenció mi espiritualidad en desarrollo.

"La Virgen y los santos" y llegar al cielo jugaron un papel importante en la espiritualidad de mis padres. La mía creció más centrada en Cristo. La conversión de mi hermana al fundamentalismo y el énfasis post-conciliar de la iglesia en Jesús, las escrituras, la misión de los laicos, y el reino ahora me han influenciado profundamente. Al mirar hacia atrás, así es como veo el desarrollo de mi fe.

Mis padres vinieron de Cuba a este país cuando yo tenía tres años. Cuando tenía seis nos mudamos de Miami a Milwaukee y más tarde a New Berlin, un suburbio, donde crecí y asistí a la escuela pública hasta el octavo año. Aislados de nuestra numerosa familia extendida y de la comunidad cubana, mis padres eligieron asimilarse a la vida americana tanto como pudieron. Esto no fue difícil ya que mis padres hablan inglés y somos de piel blanca.

Mamá mantuvo cierto sentido de la cultura con la comida cubana, la música y la correspondencia con parientes. Ella se sentía más libre de hablar la lengua hispana y hablar sobre Cuba. Encendía una velita enfrente de nuestra estatua de La Virgen de la Caridad en fiestas especiales y días de guardar, y hacía un esfuerzo por celebrar nuestros santos.

Papá, por otro lado, estaba muy consciente de su acento y trabajaba arduamente para mejorar su inglés a fin de evitar discriminación en el trabajo. Reprimió gran parte del dolor asociado por su partida de Cuba. Fue casi como si hubiera decidido nunca mirar atrás. Una vez sugirió que le dijera a la gente que éramos franceses y recomendó que tomara francés en vez de español en la escuela.

No seguí este consejo. Gozaba diciéndole a la gente que era cubana, a pesar de que hablaba un español titubeante y no sabía casi nada de historia, geografía ni literatura cubana. Recuerdo que sentía que me habían privado de algo, triste y hasta enojada a veces de no tener recuerdos propios de Cuba y de que me había perdido de nuestra vida allí. No recuerdo haber hablado nunca con mis padres ni nadie más acerca de esto en la adolescencia.

En Cuba, ser católico era una gran parte de nuestra cultura e identidad familiar. Dos de mis hermanas mayores se hicieron monjas muy pronto después de salir de Cuba. Cuando finalmente nos instalamos en el Milwaukee suburbano, participamos activamente en una parroquia anglo parlante que era una comunidad cálida y viva con un liderazgo inteligente e inspirador.

Fue un gran choque para la familia cuando mi hermana Marge se convirtió en "cristiana bíblica" fundamentalista a los diecinueve años y "dejó la iglesia". Mis padres se sentían heridos y confundidos por su condenación de la iglesia. Le prohibieron hablarme de religión, pero por supuesto lo hicimos de todas formas. Los pasajes de las escrituras que me dio a leer y nuestras oraciones juntas me ayudaron a relacionarme con Jesús personalmente y me dieron una mayor confianza como cristiana, pero estaba confundida por su énfasis en el fin de los tiempos, el diablo y el anti-Cristo. Sirvió para plantear preguntas sobre el cristianismo, la fe, la historia de la iglesia y los sacramentos, Jesús y sus enseñanzas.

Afortunadamente, mi parroquia era un buen lugar al que acudir con mis preguntas. Allí encontré muchas oportunidades de compartir mis inquietudes con gente que acogía mi búsqueda y me guiaba en dirección hacia lo mejor de la teología católica. También tomé parte activa en retiros para jóvenes a través de mi escuela y parroquia. Aquí es donde la dimensión relacional de mi espiritualidad empezó a crecer. En relaciones con amigos, maestros, sacerdotes y otros adultos, experimenté cuán maravilloso es compartir profundamente, ser honesto y vulnerable, ser aceptado y amado. En los retiros conocí católicos que daban testimonio libremente de su fe en Cristo, pero que también sacaban implicaciones para la vida que me parecían mucho más totalizantes. La sexualidad y las relaciones no eran algo malo que debía ser evitado, sino un regalo y una responsabilidad para ser gozado y manejado maduramente, y ¡un lugar donde uno encuentra a Dios! La oración en comunidad y el compartir experiencias de los retiros me ayudaron a empezar a solucionar algo de la confusión causada por la influencia de Marge. Lentamente me di cuenta de que quería ''seguir siendo católica'' y crecer en mi relación con Cristo en la comunidad de la iglesia. Todavía no había enfrentado mi identidad cultural.

Durante estos años tenía que usar un corsé, del cuello a las caderas, veintitrés horas al día, para corregir una curvatura en la espina. Lo odiaba de cierta forma, pero era un buen consejero. Me ayudó a crecer en el conocimiento y aceptación de mí misma así como en empatía e interés por la gente que sufría de tantas maneras. Empecé a ponerme en contacto con los solitarios en la escuela y me encontré con que me interesaban los libros acerca de la experiencia negra y judía.

En la universidad, las relaciones continuaron ampliando y profundizando mi espiritualidad. La gente que conocí en grupos como Bread for the World (Pan para el Mundo) y el Catholic Worker movement (movimiento de Trabajadores Católicos) alimentaron una creciente dimensión de la espiritualidad enlazada al trabajo por la justicia—un compromiso al que empezaba a comprender como la misión de Jesús de establecer el reino de Dios.

Me dio mucho gusto enterarme que tenía suficiente cubanidad en mí para relacionarme con gente de diferentes países en la International Student Association (Asociación Estudiantil Internacional) y con otros hispanos en el Club Latino Estudiantil. Juan Alvarez, un chicano coherente y antiguo militante, se convirtió en un buen amigo. El me introdujo a la lucha chicana por la identidad y la libertad. La experiencia de mi familia de exilio y diáspora después de dejar Cuba era tan diferente de la opresión experimentada por los mexico-americanos al perder su lengua, cultura y autonomía en su propia tierra.

A través del ministerio pastoral en la universidad, entré en contacto con la comunidad más amplia de hispanos de Milwaukee por primera vez. Me ofrecía en una escuela primaria bilingüe. Eventualmente acepté un trabajo dando clases de inglés en el Spanish Center (Centro Hispano) en la noche. Me sorprendió lo bien gusto que me relacionaba con estos niños y adultos de Puerto Rico, México y otros países. Ellos me acogían en sus casas. Me sentí privilegiada y enriquecida con sus historias, comida y amistad. Ellos me ayudaron a perder mi miedo de hablar en español. ¡Estaba tan agradecida de esta nueva yo ''hispana'' que ellos animaban! Mis padres no estaban muy entusiamados con mi participación creciente en la parte sur de la ciudad. Cuando les pedí que me dejaran traer a casa a tres estudiantes mexicanos de mi clase de inglés para la cena de Acción de Gracias, recuerdo que mi padre me dijo, ''Tewe, esa es tu misión, no la hagas mía''. Mamá me decía, ''¡La caridad empieza en la casa!''

A menudo oraba para que Dios me mostrara lo que debía hacer con mi vida. Tenía una experiencia valiosa en el ministerio juvenil. Estaba profundamente interesada en la teología y el pastoral como también en la ciencia y acción política y social. No me atraía la vida religiosa y no tenía prisa por casarme. ¿Cómo podía entregarme a la iglesia como mujer laica?

Fue la participación en el proceso del II Encuentro Nacional Hispano de Pastoral la que me dió un sentido de vocación que me ayudó a integrar mi identidad como cristiana y como hispana. Aprendí sobre la educación liberadora para adultos de Freire, las pequeñas comunidades cristianas, el pluralismo cultural y los derechos humanos internacionales. Tener una iglesia que, desde las comunidades hispanas populares de la totalidad de los Estados Unidos reflejara y estableciera conexiones entre estos temas parecía casi demasiado bueno para ser verdad. Esta es la clase de iglesia en la que yo quería formar parte.

La increíble diversidad de la comunidad católica hispana norteamericana era abrumadora. La experiencia de ser aceptada, pertenecer, ser llamada a participar como joven hispana, resultaba maravillosamente alentadora. El desafío para trabajar juntos como *Pueblo de Dios en Marcha* era emocionante. Descubrí que mis dones y mi experiencia en la pastoral juvenil llenaban una necesidad real en la comunidad católica hispánica y a esto me dediqué.

Aunque había sido educada con un débil sentido de identidad cubana, creo que mi cubanidad jugó un papel importante en mi espiritualidad en desarrollo como adolescente. Quizá fue mi sensación de pérdida no expresada con palabras, mi deseo de encontrar una parte de mí misma que me hacía falta, lo que me llevó a desear formar relaciones con gente de diferentes culturas. Mi habilidad de hablar en español aunque un tanto vacilante, me hizo posible entrar al mundo de los hispanos con formaciones muy diferentes de la mía y allí encontrar a Dios. Mi historia familiar contribyó a mi interés en la política y los eventos mundiales. Mientras más sabía de las desigualdades y de la mala distribución de la riqueza y el poder, más desarrollaba una espiritualidad en busca de justicia.

Mi espiritualidad hoy es todavía relacional y orientada a la justicia, fundamentada en la persona de Jesús. Como adolescente estaba más orientada a un compromiso futuro. Ahora lucho por ser fiel como esposa y madre, al vivir mi compromiso hecho con Cristo y con el Pueblo en la comunidad de agricultores migrantes donde vivimos.

Me gustaría terminar recordando el desafío que nos ofrece el *Plan Pastoral para el Ministerio Hispano Nacional* de formar comunidades de fe que presten apoyo y comprension, y donde los adolescentes pueden encontrarse y responder a la amoroso invitación de Jesús: "vengan y síganme". Para una persona hispana joven que vive en dos culturas, el proceso para lograr una identidad segura, una intimidad sana y un compromiso provechoso, se complica con las normas competitivas y el conflicto de los que se espera de ella. Lo que los padres exigen es diferente de lo que quieren las personas de la misma edad y están en conflicto con lo que esperan la escuela y la sociedad.

¿Puede la iglesia ser un lugar donde la juventud hispana pueda resolver en un ambiente de seguridad estos conflictos con la ayuda de adultos y otros jóvenes que los apoyen? ¿Pueden nuestras parroquias ser un lugar donde los adolescentes hispanos puedan descubrir una identidad como cristianos sin negar ni suprimir su singularidad cultural? ¿Puede la comunidad cristiana ofrecer a los jóvenes hispanos la oportunidad de experimentar relaciones confiables y honestas y desarrollar su capacidad para la imtimidad? ¿Pueden las pequeñas comunidades cristianas facilitar a la juventud hispana el descubrir sus propios dones y las necesidades del mundo que la rodea y empezar a ver cómo puede servir con eficacia y valor en sus vidas adultas? Estas son algunas de las preguntas que vienen a la mente al reflexionar sobre mi propia espiritualidad como adolescente y compararla con las necesidades de la juventud hispana que conozco hoy.

NOTA

1. Armand Nicoli, ed., *Harvard Guide to Modern Psychiatry* (Guía de Harvard a la siquiatría moderna) (Cambridge: Belknap Press, 1978) 519.

7

La espiritualidad de un matrimonio hispano

Olga Villa Parra

La palabra "espiritual" viene del latín *spiritualis* que puede significar "de respiración, de viento, de relacionarse a, consistir en, o afectar el espíritu". Otra definición es "relacionado o unido en espíritu." Es alrededor de esta definición que mi esposo Ricardo y yo hemos vivido y construido nuestro matrimonio.

Esta contribución para este libro está escrita desde una perspectiva muy personal e íntima. Para compartir la propia espiritualidad, uno debe de ser íntimo; ser íntimo es experimentar la vida y sentirse vulnerable. Esto parece bastante natural dentro del contexto de mi herencia hispana así como de mi vida con Ricardo. Para mí la espiritualidad es un proceso continuo que se desenvuelve cada día con la gracia de Dios y por la gracia Dios. La espiritualidad es la esencia de nuestro matrimonio, nuestro amor y las dificultades de la vida. Nosotros nos identificamos, nos nutrimos y tenemos fidelidad a esto. Ricardo y yo encontramos gozo en nuestro matrimonio tanto como en nuestro pueblo y en las comunidades con las que compartimos nuestra vida.

El nacimiento

Pasear por el bosque, jugar con otros niños y escuchar el llamado de mi mamá son algunos de mis primeros recuerdos de

47

niña pequeña. Yo no lo comprendía en ese tiempo, pero las semillas del amor a la comunidad, la familia y los valores del matrimonio se plantaban en mi corazón en esos años. Mi madre era la promotora y arquitecto de nuestra fe y de nuestro mundo hispano. Mi padre era un papá típico: un esposo fuerte y fiel que trabajaba duramente para mantener a su familia. Nuestra familia representaba a la familia migrante luchadora que se había establecido en un estado vecino del norte—grande, pobre y feliz. Teníamos nuestras luchas, y sin embargo encontrábamos felicidad en nuestra fe y en nuestra familia.

Mis padres eran persistentes en lo que ellos entendían como esencial para la vida espiritual: asistir a Misa, participar en los programas de difusión de la parroquia, y asistir a las clases de catecismo del domingo. Entre las letanías diarias de mi madre estaban sus dichos: ''Sin la Fe, no hay vida'', ''Dios primero'', ''Tú eres hija de Dios'', o su dicho favorito para expresar disgusto: ''Te vas, pero sin mi bendición''. Fue basada en este contexto que me aventuré en el mundo exterior llena de fe, energía y asombro.

Otro fundamento importante fue la comunidad de fe en la que nuestra familia participaba. Nuestra familia era parte de una nueva misión de la iglesia que eventualmente se convirtió en una parroquia a las afueras de una pequeña ciudad. Nuestros sacerdotes eran franciscanos que habían sido exilados de China durante la revolución. Eran individuos sabios, viejos y en cariñosos. Ellos inculcaron en nosotros los valores de la oración en el trabajo y la vida en diaria. La oración era una acción tejida dentro de nuestras vidas diarias, por lo cual nuestra vida entera adoptó una dimensión espiritual.

El encuentro

Recuerdo el momento exacto en que decidí casarme con Ricardo Parra. Estábamos en un lugar teniendo una conversación muy intelectual. Ahora no puedo ni siquiera recordar donde estábamos, o sobre qué era la discusión. De pronto, Ricardo interrumpió nuestra conversación con una declaración muy contundente. ''Si quieres estar cerca de mí, tienes que entender lo que creo y lo que represento''. Yo estaba aturdida; eso no tenía nada que ver con nuestra conversación. Sin embargo, intuitivamente yo sabía que algo profundo iba a ocurrir en mi vida. Así que siendo la persona que soy y necesitando más tiempo para digerir la declaración, pretendí que no había entendido. Le pedí que se explicara. El resultado fue una mayor comprensión de la espiritualidad de Ricardo, y el comienzo de nuestra vida juntos.

Nuestros principios fueron muy humildes. Teníamos pocas posesiones materiales, pero un tesoro de amigos, y suficiente visión y misión para dos vidas enteras. Así empezó nuestro camino no muy común hacia una relación y un matrimonio, y a la búsqueda de dirección y respuestas a nuestras preocupaciones comunes. Este caminar empezó con una relación basada en la justicia social y un compromiso con la comunidad hispana. Algo que contribuyó grandemente a nuestro camina fue que ambos veníamos de familias grandes que habían sufrido económica y socialmente en nuestros barrios. Además éramos hijos de los sesentas y muy pronto nos habíamos sensibilizado a las cuestiones sociales más amplias del cambio social y de la igualdad.

Un camino espiritual

Con esta historia común nos embarcamos en nuestra búsqueda los de juntos. Siempre he operado desde una espiritualidad profunda e intuitiva que emana de la fe popular del pueblo y de las comunidades. Es la espiritualidad lo que se estimula más por medio de las relaciones con la naturaleza y la humanidad. El desafío de Ricardo hacia mí—surgido de ese día memorable en que me llamó a entender y creer lo que él representaba—es el ser clara acerca de lo que creo y sostengo. Me desafiaba a expresar mi espiritualidad intuitiva y lo que creía que significaba.

En 1979, Ricardo y yo nos casamos. Qué acontecimiento, sólo semejante, desde nuestra perspectiva, a una boda de la realeza. Escribimos nuestros votos, nos casamos según la costumbre de la boda azteca de nuestros antepasados, en el contexto de una tradición católica romana puesta al día, seguida por una fiesta gigante. El costo de nuestra boda fue prácticamente nada porque nuestra familia, amigos y comunidad contribuyeron para que fuera posible. El día de nuestra boda fue otro momento clave en nuestra jornada espiritual. Trabajamos con un amigo para crear nuestros votos matrimoniales y praticarlos para la boda. Seleccionamos a nuestros amigos que participarían en la ceremonia como si estuviéramos construyendo pilares espirituales para ayudarnos y protegernos a lo largo de nuestra vida matrimonial. Sabía que este evento tendría un profundo impacto en todos los que asistieran. Después de la boda Ricardo y yo sentimos que verdaderamente nos habíamos unido en servicio para la santa misión de la vida.

El desafío

El estar relacionada con Ricardo era una jornada espiritual en sí misma. Enfrentábamos el desafío básico de vivir un matrimonio de fidelidad y responsabilidad. Presuponíamos una unión fiel como también las responsabilidades que vienen al aceptar a una pareja y las responsabilidades de la familia. Tuvimos cuidado de no ser asignados a los papeles hispanos tradicionales de marido y mujer, y no queríamos perder nuestras identidades individuales, o dejar de crecer como seres humanos. Eramos adultos viviendo en un mundo nuevo, con nuevos amigos y hasta un nuevo puesto en la estructura de la familia.

Aún así los valores de nuestros padres y familias persistieron y fueron fundamentales para nuestro matrimonio y nuestra interacción con otros. Empezamos a compartir nuestros sueños. Construimos nuestra casa y al tratar de cumplir nuestros nuevos papeles de marido y mujer, nuestro amor se ha fortalecido. Sin embargo la vida del matrimonio presentó oportunidades desafiantes que nos llamaron a revisar nuestras ideas y a cambiar. Uno de esos desafíos para Ricardo y para mí fue la cuestión de nuestros nombres. Yo no podía cambiar mi nombre, Olga Villa. Además Villa es el nombre de mi familia. Eventualmente, mi nombre se convirtió en Olga Villa Parra. Ricardo me hacía la broma de que la única vez que usaba ''Parra'' era cuando íbamos a visitar a su familia, lo cual era cierto. Por otro lado, él me dijo el día de nuestra boda que su nombre verdadero era Ramón Ricardo Parra. Sin embargo, siempre se había hecho llamar Richard Parra. Estos momentos pueden parecer insignificantes, pero pueden convertirse en ocasiones de considerable consternación.

No creo que ningún matrimonio esté libre de problemas. Comprensión imperfecta, aceptación incompleta, y afirmación a medias son parte de nuestras luchas cotidianas por una vida como pareja.

En cierto sentido, el crecimiento espiritual es un proceso de solución continua de problemas, ya que no nacemos con el don de la intimidad. Debemos adquirir la intimidad mutua gradualmente y, a veces, arduamente. La intimidad humana es una experiencia poderosa, y exige un esfuerzo extraordinario para ser buenos comunicadores. Mientras más tiempo llevamos de casados, la comunicación se ha vuelto más importante. Hemos continuado creciendo como individuos y juntos en mutua espiritualidad. Los dos éramos fértiles en amor, y queríamos dar vida a otros. No fuimos bendecidos con hijos. Sin embargo, nuestra relación floreció a medida que construimos nuestra vida juntos y compartimos nuestro hogar con nuestras familias y otros que cruzaron nuestra vida. "Nuestra casa es su casa" adquirió un nuevo significado. Hemos tenido estudiantes y gente de todo tipo y de varios países del mundo viviendo con nosotros en nuestro hogar. Tratamos de crear un ambiente familiar en el que ellos se convirtieron en miembros de nuestra familia y nuestra casa fue realmente su casa. Esta experiencia ha sido una bendición para nosotros y ha enriquecido nuestra vida. Entendemos nuestro matrimonio como un don de amistad e intimidad. Continuaremos compartiendo y construyendo nuestra espiritualidad hispana única sobre "El amor de nuestras familias y comunidad es el amor que llena".

Phillip Sherrard afirma:

> El abrazo final del amor mutuo, el único en el que se logra la completa unión sacramental entre hombre y mujer, no es una adquisición sino una bendición. Es conferida por el Creador a dos criaturas, hombre y mujer, quienes han recorrido el curso de su amor a través de lo que sea que los haya guiado y han entrado, transfigurados al fin, al suelo santo de su ser.

Nuestras vidas no se han agotado, pero el camino nos ha transfigurado...un caminar que es ciertamente una bendición para nosotros y para aquellos a quienes servimos.

NOTA

1. Traducción de la cita original de: Phillip Sherrard. *Christianity and Eros: Essays on the Theme of Sexual Love* (Cristianismo y eros: Ensayos sobre el tema del amor sexual) (London: SPCK, 1976) 93.

8

La espiritualidad de un sacerdote hispano

Juan Sosa

Ella tocó el timbre de la rectoría y yo abrí la puerta. Era mi turno contestar las llamadas esa soleada mañana a principios de febrero. Ella necesitaba ver a un sacerdote y yo la invité a entrar en mi oficina; en efecto, sus gestos indicaban la necesidad de hablar, y así lo hizo: "Padre, nací en Perú y fui educada en una buena escuela, pero mis padres sólo me bautizaron. No recibí ninguna otra instrucción religiosa. Ahora quiero recibir la Primera Comunión y la Confirmación".

Yo estaba asombrado. ¿Los adultos realmente tocan el timbre de nuestras rectorías en busca de los sacramentos? La mayor parte del tiempo me parece que estoy buscando formas de motivarlos a encontrarse con Jesús sacramentalmente. Esto era diferente; ¡ella realmente quiere recibir al Señor! Mi deleite aumentaba a cada minuto, pero su franqueza me impulsó a hacer la pregunta básica: "¿Por qué ahora? ¿Que te empujó a hacer esto?" Su respuesta surgió rápidamente en la forma de una historia.

"Verá usted, Padre, estoy casada. Mi esposo también es católico, aunque rara vez va a la iglesia. Tenemos un hijo que ahora tiene cuatro años y que asiste a una escuela pre-primaria luterana en nuestra calle, donde le enseñaron a orar. Siempre me quedo callada y lo veo decir sus oraciones...excepto esta noche". Se interrumpió para tomar aliento mientras yo escuchaba atentamente.

"El me sorprendió sin rezar, sin mover los labios, simplemente sentada allí y me preguntó sin más: 'Mami, ¿por qué no oras conmigo?' Al principio no sabía que decir, pero le dije la verdad. 'Mami no ora porque nunca tuvo la oportunidad de aprender sus oraciones como tú lo haces ahora'.

"Y entonces él dijo de pronto: 'No te preocupes mami, YO TE ENSEÑO', dijo, 'YO TE ENSEÑO'. Vea usted, Padre, un niño de cuatro años, mi hijo, dispuesto a enseñarme...fue como si Dios me estuviera hablando directamente a través de él...y ahora estoy aquí..."

*   *   *   *   *

A veces nos ponemos nosotros mismos en pedestales y buscamos el poder de formas extrañas: en el trabajo, en la iglesia, a través de nuestra parroquia. Mientras más cerca estamos de la cima, creemos que nos vamos a sentir mejor. Pero ¿dónde está nuestro Dios? ¿Arriba, abajo, o a un lado? Somos incapaces de reconocer la voz, el toque y el amor de Dios. Llegamos a estar demasiado ocupados para creer en la divina Epifanía entre nosotros. Aquí estaba nuestro Dios, hablando a través de un niño que trataba de alcanzar a sus padres más allá de la imaginación humana para rescatarlos de su indiferencia.

Esta historia tuvo lugar durante mi primer año como sacerdote. Veinte años después, lo recuerdo tan vívidamente como el día en que occurió. Me enseñó muchas cosas, pero en particular, un camino a la vida espiritual, y cómo encontrar a Dios, cuyo amor infinito no puede ser medido y cuyos caminos entre nosotros no pueden ser conocidos de antemano. Mis reflexiones sobre esta experiencia han tenido un gran impacto en mi vida. Cuán a menudo me he preguntado, "¿Percibí que Dios me llamaba al ministerio en mi interacción con esta dama peruana, cuya vida auto-suficiente había sido hecha pedazos por la dulce intervención de su hijo?" Al ir cobrando mayor conciencia de que esta historia es sólo una entre muchas en mi ministerio, estoy empezando a reconocer similaridades entre la trayectoria espiritual de los católicos hispanos y mi propia vida espiritual como ser humano y como sacerdote.

Bien educados o no, los latinoamericanos de clase media o los migrantes mexicanos, los hispanos comparten un camino espiritual lleno de ambigüedad, paradoja y gozo. Primero, hay un sentido de peregrinación que confiere significado en medio de crisis familiares y sociales. Segundo, hay una gran necesidad de experimentar apoyo y calor familiar. Tercero, está la búsqueda de una comunidad más amplia (iglesia) que pueda complementar la ausencia de una unidad familiar extendida. Finalmente, hay una apertura al tierno contacto de un Dios que nos guía a través de nuestra inseguridad hacia la paz curativa del abrazo divino. Ante nuestra impotencia, Dios se hace real y se convierte en un verdadero compañero de nuestro peregrinaje.

¡El sacerdote en mí debe caminar con otros hispanos a lo largo de este camino!

Un peregino

En mi trayecto de peregrinación, me maravillo ante el mundo que me rodea, a veces atemorizado de sus rápidos cambios. Otras veces, estoy consciente de mi misión por medio de la cual puedo alcanzar la "santidad": una totalidad de mente y corazón, con Dios en el centro de mi peregrinación. El temor desaparece ante mí al efectuar mi camino con fe.

¿Estoy solo? Indudablemente no, aunque a veces me siento solo. Me regocijo con el Señor por no permitirme acomodarme tanto que pueda llegar a estar estancado y demasiado satisfecho conmigo mismo y mi ministerio. Como Pablo en sus viajes misioneros, a veces siento la necesidad de ponerme en contacto con aquellos a quienes he servido en el pasado. Las llamadas telefónicas pueden haber sustituido a la escritura, pero la experiencia es la misma: recordar haciendo presente entre nosotros la amorosa presencia de Dios a través de nuestras historias. Y a medida que conozco gentes nuevas, en seguida puedo reconocer la voz, las manos, el amor del Señor en ellos. Sé que no estoy llamado a la estabilidad de esta vida, sino a una experiencia diferente y vigorizante que nunca tendrá fin.

Un miembro de la familia

Acostumbraba pensar que un sacerdote debía dejar atrás a su familia una vez que se entrega de lleno al minsterio. Cierto y falso. Uno nunca puede dejar atrás esas raíces donde empezó la experiencia del ministerio. ¿Qué podría ser yo sin mi familia? Al congregarnos para compartir experiencias durante los días de fiesta, surge entre nosotros un sentido de tradición dificil de explicar.

No puedo imponerme sobre otros en estas reuniones familiares. "Mi primo, el sacerdote" puede, a veces, convertirse en el foco de nuestras conversaciones. En cambio, desearía que fuera Jesús dentro de ellos quien los llama a cambiar, a crecer, y a servir a los demás. No soy el único llamado a servir. Todos los bautizados lo son. Cuánto podríamos estar haciendo como una familia si todos tomáramos seriamente este llamado bautismal.

Dejemos que aquellos entre nosotros que están separados encuentren la manera de reconciliarse. ¿Por qué pelear por opiniones o preferencias personales? Ante el Señor todos somos iguales. Dios no tiene favoritos. En Jesús todos nos hemos hecho uno. Por medio de Jesús todos podemos experimentar la felicidad y la paz.

Un servidor de la Iglesia

Este título me ha encantado desde que lo escuché por primera vez durante unas clases de la Escritura. Viene de los Cantos de Isaías anunciando las experiencias del Siervo preferido de Dios, y propociona a nuestros servicios de Viernes Santo una presencia dramática y de compasión

> "Vean, mi siervo prosperará...fueron nuestras enfermedades las que él sobrellevó, nuestros sufrimientos los que él cargó sobre sus hombros...Como un cordero llevado a la matanza...permaneció en silencio y no abrió la boca...El hará desaparecer los pecados de muchos...
>
> (Is 52,13; 53,4-12)

¿Qué significa esto para mi?

Un sacerdote es un servidor cuando orienta su vida hacia los demás; cuando las necesidades de otros se vuelven importantes para él; cuando se siente libre para servirlos porque sabe cómo satisfacer sus propias necesidades; cuando cuida de sí mismo para poder cuidar mejor de otros; cuando acepta pasar por la muerte y la resurrección como parte del camino de su vida y, por tanto, se atreve a vivir el Misterio Pascual al máximo.

En la Iglesia y a través de ella vivo como un servidor, especialmente cuando siento el peso de mi ministerio. La Iglesia con sus debilidades y sus dones—compuesta de seres humanos llamados a la santidad, proféticos y afectivos, a veces cautos y curiosos hacia los demás, la Iglesia como el sacramento de Cristo en el mundo—ésta es la comunidad mayor para mí. La experiencia del pueblo congregándose para orar y transformar en acción la música que cantan cuidando verdaderamente de sus vecinos, ésta es la Iglesia, el cuerpo de Cristo, el Pueblo de Dios, la Iglesia de 1492 o 1992, nuestra Iglesia. ¿Cómo puede alguien sustituir cualquier otro grupo u objeto por ella? Me cuesta trabajo entender la ira o frustración de algunos hacia la comunidad más amplia. Dejémoslos regresar a ver florecer nuestra Iglesia en tiempo y espacio, siempre extendiéndose su alcance para revelar a Emanuel.

Dispuesto a recibir a Dios

He escuchado esta frase tantas veces que a veces se vuelve un cliché: "dispuesto a recibir a Dios", en contraste con cerrado o apático o indiferente, rígido o inflexible o clerical.

Para mí el significado de esta frase está encerrado en una actitud muy básica dentro de la que trato de crecer. "Dispuesto a recibir a Dios" significa no juzgar ni criticar; siempre preparado a crecer y dispuesto a admitir mis errores; nunca totalmente graduado de mi vida o mi Iglesia, sino siempre presto a aprender y, sobre todo, capaz de reconocer a nuestro Señor en los gozos y dolores de otros, y mi propia experiencia humana. Estar dispuesto a recibir a Dios me exige no sólo perdonar a otros, sino también perdonarme a mí mismo simplemente por estar en el camino y, a veces, no querer rendirme a la voluntad de Dios.

La espiritualidad de este presbítero de antepasados hispanos, que ha crecido en los Estados Unidos y ha sido formado por una Iglesia en transición es una espiritualidad de parches, compuesta de muchos elementos. Es una espiritualidad que descubre la cercanía de Dios a través de mi necesidad de estar cerca de la gente y de encontrar en ellos la presencia viva de un padre cariñoso. Es una consciencia de que Dios, sabiéndose divino, nos juega bromas mientras, al mismo tiempo, nos guía a través de esta vida hasta que entremos en el abrazo divino en la otra vida. Es una espiritualidad de paradoja y ambigüedad: atrapada por las demandas infantiles de los viejos y la persistencia amable de los jóvenes; compartiendo el Evangelio con los ricos y los pobres sin alejar a ninguno, pero pidiéndole a ambos que lo vivan completamente; no sintiendo el poder ni la fuerza ni en el título o la fama, sino en la impotencia de la vida y la victoria de la cruz. Es una espiritualidad que me llama, como sacerdote, a seguir contando historias.

9

Mi camino espiritual

Confesor De Jesús

Introducción

La vida es una búsqueda constante para encontrar significado. A menudo nos sentimos frustrados, desorientados o perdidos en esta búsqueda. Estamos constantemente en busca de una vida mejor, una mejor educación, una casa más cómoda, un coche más agradable y un trabajo mejor. Sin embargo todas estas cosas no nos hacen sentir que hemos encontrado la respuesta a nuestras preguntas. Hay algo que nos hace falta que es necesario para sentir felicidad y esperanza en nuestra vida. Hay veces que no tenemos respuestas para nuestras preguntas. No tenemos paz en nuestro corazón y no sabemos qué está pasando en nuestra vida. Estos son momentos muy peligrosos en los que podríamos movernos en la dirección equivocada, tomar decisiones incorrectas, o no hacer nada. Estos son los tiempos en que necesitamos a alguien que nos guíe. Estos son los tiempos en que nos encontramos tratando de entender el verdadero significado de nuestra vida.

Es mi intención compartir varios episodios de mi vida que contribuyeron a mi formación como ser humano, así como hombre espiritual. Las decisiones que tomé no fueron siempre las correctas, pero en el curso de la vida esas decisiones me ayudaron a comprenderme a mí mismo y darme cuenta de lo que faltaba en mi vida.

La muerte de mi abuelo

Yo tenía una relación muy cercana con mi abuelo. Cuando murió, yo sólo tenía once años. Recuerdo la noche antes de que muriera. Estaba solo en mi cuarto, pidiéndole a Dios que curara a mi abuelo. Al día siguiente, cerca de las 6:00 de la mañana, mi hermana me despertó y me dio las dolorosas noticias. Nuestro abuelo acababa de fallecer. Esto fue muy difícil de aceptar. ¿Por qué Dios no respondió a mi oración? Yo estaba enojado, decepcionado y muy confundido. Traté de buscar una explicación de su muerte. No encontré una que me hiciera sentir a gusto. Desde ese momento mi relación con Dios empezó a deteriorarse. Empecé a tener dudas acerca de Dios. Más tarde cuando tenía diecisiete años, dicidí que Dios no existía, que era sólo una historia. Mi vida cambió drásticamente. De un joven muy reservado, me convertí en un individuo muy confiado en sí mismo.

Como estudiante universitario, profesé abiertamente que Dios era sólo un mito. Me vi envuelto en grupos políticos, me volví físicamente violento, me hice a mí mismo el centro de mi vida. No compartí estas ideas y sentimientos con mi familia. Dejé de asistir a la iglesia. Hice nuevos amigos que sostenían la misma ideología política y religiosa. También empecé a beber y más tarde a experimentar con drogas. Tomé la decisión de que mediante la aplicación de mi lógica, podía encontrar respuestas a todas mis preguntas. En otras palabras, controlaba totalmente mi vida.

Mi primer matrimonio

Fue más una reacción que una acción. Estaba viviendo con mi padre y él me dijo que planeaba casarse. No importó que yo estuviera de acuerdo con su decisión, pensé que era tiempo de que yo me casara también. Tenía veinticinco años cuando me casé y estuve casado por tres años. Esta fue una de las experiencias más difíciles de mi vida, pero al mismo tiempo fue también un gran desafío a lo que consideraba mi modo de vida racional. Traté de resolver mis problemas matrimoniales usando lógica. La lógica siempre me había funcionado en el pasado y el matrimonio no sería la excepción a la regla. Mientras más trataba, más confundido me sentía. Mi primera reacción fue manejarlo de un modo brutal. Soy hombre y todo se hará a mi modo. No funcionó. Empecé a beber todos los días, a usar drogas más frecuentemente y a pasar siete días a la semana en mi oficina. No funcionó.

Una noche estaba en un bar bebiendo y uno de los cuates me dijo, "Confesor este no es tu lugar...deja de tomar y arregla tu vida...no destruyas tu vida...tienes un buen trabajo... eres un profesional...tienes valores". Lo miré y dije "Tienes razón". Pagué la cuenta y fui a la casa de mi padre. Esa noche no podía dormir; mis problemas, mis preguntas estaban muy presentes en mí. Hacia las 3:00 de la mañana, desde el fondo de mi corazón, sin palabras, le dije a Dios, "He estado diciendo que no eres real, pero si existes, por favor hazme saber qué debo hacer". Esperaba que una luz viniera por mi ventana, o una cruz, o que el rostro de Jesús apareciera en la pared de mi cuarto. Nada ocurrió como yo lo esperaba. Una vez más estaba tratando a través de mi lógica de anticipar la reacción de Dios. En la mañana cuando estaba desayunando, mi abuela salió de su cuarto para hablar conmigo. Acostumbraba ir a la iglesia todos los días, pero desde que le amputaron la pierna tenía que depender de nosotros para llevarla a la iglesia. Ella era la única en la familia que era muy religiosa—el resto de la familia sólo asistía a Misa en ocasiones especiales. Me dijo, "Sé que no te gusta que la gente se meta en tu vida personal, pero esto es lo que tienes que hacer, divórciate". Dio la vuelta en su silla de ruedas y regresó a su cuarto. Lo único que dije fue "bueno, abuelita", y me fui a la oficina. Al estar sentado en mi oficina, de pronto se me ocurrió, "Le pediste a Dios una respuesta, Dios te la dio a través de tu abuelita". Le pedí ayuda a Dios y Dios me ayudó a través de la única persona que realmente lo conocía, mi abuelita. Me mostró que no era un mago, ni tenía que pintar una cruz en mi cuarto. Me mostró a través del amor de mi abuelita, dónde quiere realmente estar en mi vida; quiere estar en mi corazón y ser el centro de mi vida. Esto cambió mi vida completamente. Empecé a dirigirme hacia Dios y asistir a la iglesia más frecuentemente. Me di cuenta de que con Dios siempre hay esperanza, compasión y comprensión.

Un verdadero encuentro

En 1975 me hice buen amigo del sacerdote de la parroquia. Cada vez que teníamos oportunidad, hablábamos y compartíamos nuestras experiencias. Buscamos en los archivos de la iglesia para averiguar quiénes eran mis padrinos de bautismo y confirmación, porque no los conocía. El también me animó a hacer mi Primera Comunión y a participar en un Cursillo de Cristiandad.

Fui al Cursillo. Los primeros dos días estaba muy incómodo, y sentía que estaba en el lugar equivocado. Al tercer día empecé a darme cuenta de la necesidad de transformar mi vida. Conocí a Jesús y le pedí que fuera mi amigo. Este fue un verdadero encuentro con el Señor. Decidí cambiar mi vida; y así lo hice por unos cuantos meses. Al pasar el tiempo, sin embargo, empecé a faltar a la reunión semanal del cursillo, dando débiles excusas por mi ausencia. Cuando surgía cualquier problema en mi vida, culpaba a Jesús. Bajo la influencia del alcohol, cuestioné por qué lo había conocido. Cada vez que quería hacer algo por placer, allí estaba Jesús, diciéndome que estaba mal. Le pedí que me dejara solo y que se alejara de mí. Pero la semilla de su amor ya estaba en mi corazón. Lo invité a ser mi mejor amigo y aceptó.

Un día un amigo me invitó a ir a la última noche de un cursillo para hombres. No tenía nada qué hacer y acepté su invitación. Al final del cursillo vi a un buen amigo al que no había visto desde hacía cinco años. Este amigo y yo estuvimos juntos desde la primaria hasta la universidad. Me dijo, ''Por favor Confesor, no te vayas, quiero hablar contigo''. Cuando regresó, dijo, ''Después del segundo día del cursillo quería irme, pero me quedé por ti. Me dije a mí mismo, si Confesor, que ha sido peor que yo, ha hecho el cursillo, entonces yo lo puedo hacer también''. Sin darme cuenta, el Señor me usó para tocar a mi amigo. Este era un claro mensaje de que Jesús es un verdadero amigo.

La ordenación de un diácono

Fui ordenado diácono en mayo de 1986. Los meses de marzo, abril y mayo de ese año fueron un tiempo de verdadera lucha en mi vida. Había estado casado (por segunda vez) por más de doce años. Teníamos cuatro hijos (un niño y tres niñas), y estábamos muy involucrados en la iglesia como familia y como pareja. En noviembre de 1985 participamos en un retiro para parejas casadas. Nos invitaron a dar una plática en ese retiro. Era una oportunidad maravillosa para trabajar juntos, compartir nuestras vidas con otros, y dar esperanza a las parejas que lo necesitaran. Estábamos realmente haciendo el trabajo de Dios. Ese día que regresamos del retiro recogimos a los niños y nos fuimos a casa. Queríamos recoger algunos regalos que habíamos comprado para una fiesta de cumpleaños esa noche.

Cuando entramos a la casa, no encontramos los regalos, y nos dimos cuenta de que alguien había entrado por la fuerza en la casa. Se llevaron los regalos, videocasetera, radio y algo de dinero en efectivo. Nuestra primera reacción fue de decepción, pero inmediatamente le dimos gracias a Dios porque no nos había pasado nada a nosotros. No me di cuenta de que este incidente fue una pequeña roca en mi vida. Nuestras vidas empezaron a cambiar drásticamente. Dejamos de orar juntos, dejamos de ir a la iglesia juntos, empezamos a discutir con mayor frecuencia y fuerza. La llama del amor empezó a morir. Nuestra comunicación se convirtió más en una formalidad que en un deseo. Nuestra actitud y conducta estaba afectando a los niños. Nuestra relación prácticamente se había terminado.

Tuve que tomar una decisión. Mi matrimonio se había terminado, ¿qué voy a hacer acerca del diaconado? Me faltaban sólo dos semanas para la ordenación, y estaba luchando con mis sentimientos, mi compromiso y mi vida espiritual. Tomé la decisión de no continuar con el programa del diaconado. Ya no participaría en ninguna actividad de la iglesia. En otras palabras, iba a dejarlo todo—pero nunca antes me he dado por vencido. He tenido una lucha constante con Jesús. Le dije que no era suficientemente fuerte para vencer este problema. Compartí mis ideas y sentimientos con mi director espiritual, un diácono de mi parroquia. La semana antes de mi ordenación, hablamos juntos y él lloró conmigo. Convirtió mi sufrimiento y dolor en su sufrimiento y dolor. Pero dijo, ''Sigue adelante con la ordenación porque Dios te está llamando. Ahora, no entendemos lo que te está pasando, pero necesitamos confiar en

Dios y dejarle dirigir tu vida''. Esta fue una verdadera lucha, pero puse mi confianza, mi corazón y mis problemas en manos del Señor. Fui ordenado el día de Pentecostés, la fiesta que celebra el inicio de la Iglesia, y el principio de un nuevo hombre.

Mi matrimonio terminó en divorcio: mi hijo está viviendo conmigo y me mantengo en contacto con mis hijas. Aprendí a poner mi vida totalmente en las manos de Jesús. Esta experiencia, a su vez, me ha permitido ayudar a otros hermanos y hermanas en la misma situación. No sé exactamente cuál es el plan de Dios para mí, pero sé que es algo bueno.

Crecimiento espiritual

En mi parroquia soy miembro del equipo del grupo carismático. Durante el otoño de 1990 el equipo me pidió que fuera candidato para el comité planificador del Grupo Hispano de Renovación Carismática Católica en Chicago. Estaba muy complacido y afirmado en la confianza que el equipo puso en mí como servidor comprometido de Dios. El comité es responsable de coordinar todas las actividades carismáticas en la arquidiócesis de Chicago. Además, este grupo proporciona los lineamientos para todos los grupos de oración afiliados a ellos. Mi nombre fue presentado a la consideración del comité de elecciones y para el proceso de entrevistas. Este comité llamó a varios hombres y mujeres para entrevistarlos, pero no me llamó a mí. Cuando nuestro grupo de oración preguntó acerca de mi candidatura, indicaron que debido a mi situación de divorciado, yo no calificaba de acuerdo con ellos para el comité planificador. Esto fue un gran golpe para mi vida espiritual. Por un lado la Iglesia no me impedía convertirme en diácono; por otro lado, la misma Iglesia juzgaba mi habilidad ministerial basándose en mi estado civil. Era descalificado sin ninguna explicación para ser considerado como miembro del grupo, como diácono o como cristiano.

El equipo de mi parroquia disputó esta decisión, y el comité planificador me permitió convertirme en candidato. Muchos de los grupos de oración de la arquidiócesis sabían de la oposición del comité a mi candidatura. El día de la presentación del candidato, el comité aclaró sus sentimientos y posición respecto a mi candidatura. Una y otra vez durante el curso de esa mañana, hicieron referencia a mi estado civil y cómo no podían explicar o justificar un dirigente que era divorciado. Yo estaba muy herido. Nunca esperé que este grupo rechazara o se opusiera a mi deseo de estar más comprometido con la Iglesia. Sentí que me crucificaron sin darme una oportunidad de ser oído o tratar de comprender mi posición. Me llamaron y me dieron tres minutos para explicar por qué quería ser candidato. Esta fue una situación muy penosa y difícil para mí. Tuve la idea de seguir el mismo juego que ellos estaban jugando. Me dije a mí mismo, conozco su vida, sé lo que está pasando en su vida, sé que soy tan apto como ellos teológica, espiritual y académicamente. Pero dije, ''Jesús, quiero hacer tu voluntad, por favor ayúdame''. Inmediatamente un pasaje de la Biblia me vino a la mente del libro de Sirac, ''Hijo mío, cuando vengas a servir al Señor, prepárate para ser puesto a prueba...'' (2,1-6). Leí los versos y regresé a mi asiento. No fui electo, pero mi vida espiritual creció más con mi compromiso sincero de permitir que Jesús guiara mi vida.

Conclusión

A través de estos cinco episodios de mi vida y otros más, he descubierto lo mucho que el Señor realmente me ama. No hubo ni un momento en el que estuviera solo, aunque me sintiera así. No hubo ni un solo momento en el que el Señor dejara de ocuparse de mí. Sé que vendrán más momentos dolorosos en mi vida. No estoy buscándolos, pero si necesito sufrir es mejor hacerlo cuando estoy actuando conforme a la voluntad de Dios y no simplemente la mía. Aprendí a confiar en Jesús, a amarlo, a depender de él y a caminar con él en mi vida. Sé que, si acaso tomo el mal camino, Jesús estará conmigo. El me corregirá, él compartirá su amor conmigo, y lo más importante, no me rechazará. Aprendí a dejar que Jesús me guíe en momentos tristes así como en momentos felices. ''Soy el siervo del Señor, sea hecho en mi como tú dices'' (Lc 1,38). Una vida sin Jesús es muerte; una vida con Jesús es vida eterna. Este es el verdadero significado de la vida.

10

Espiritualidad hispana: Perspectivas de una religiosa

Dominga M. Zapata

Introducción

La espiritualidad es una parte integral de cada persona. Se desarrolla en la vida y a través de ella. La espiritualidad de una persona se reconoce por la manera como ella o él vive su vida. Hay razgos que son universales dentro de la humanidad y otros que son particulares a una cultura específica. Pero la espiritualidad de cada persona está marcada por su vida particular.

Voy a compartir cómo he ido desarollando una espiritualidad que es auténticamente personal y cultural a través de mi personalidad, mi formación teológica y los eventos en mi vida. Hay elementos que son fáciles de señalar, mientras que otros simplemente caen dentro del misterio que es el don de la vida y con poca explicación racional.

Este ensayo expone las varias etapas del camino personal, cultural y religioso que me ha conducido a una espiritualidad que es mía, hispana y al mismo tiempo católica. Soy Minga, nativa puertorriqueña, la menor de una familia de doce, inmigrante a los Estados Unidos, introvertida, educada teológicamente y viviendo como religiosa consagrada. Estos múltiples factores sugieren que mi espiritualidad no será idéntica a la de ninguna otra religiosa hispana. Sin embargo, tendremos algunas cosas en común debido a nuestra cultura y a nuestra forma de vida.

Aspectos culturales

Las raíces de mi espiritualidad pueden remontarse a aquellos años en que mi familia sobrevivió dentro del círculo de dar y recibir de las otras familias pobres de nuestro vecindario. Toda nuestra vida estaba marcada por la espiritualidad de nuestro Catolicismo popular que no marcaba ninguna separación entre la vida y la religión. Este fue un tiempo en el que sabíamos cómo perdonar y ser perdonados dentro de la vulnerabilidad de la pobreza que puede llevar a uno a centrarse en sí mismo. Fue un tiempo en que aprendimos a depender de la Providencia de Dios aún para la lluvia necesaria por la cual suplicábamos durante los días de rogativas. Fue un tiempo en que sabíamos cómo unirnos con la comunidad de los santos a través de un número infinito de rosarios por los disfuntos.

Esta fue una vida diaria que plantó las semillas de la espiritualidad ante la ausencia de una Iglesia y los sacramentos. No dependíamos del sacerdote para que nos trajera a Dios. Eran nuestras madres las que ejercitaban muy bien su papel evangelizador. Mi experiencia confirma la verdad del dicho portugués: "Una pizca de madres vale más que una libra de sacerdotes".

Entonces un día, como muchos del pueblo peregrino de Dios, fuimos forzados al exilio por la pobreza. Como la familia de Abram y Sara, mi familia tuvo que dejar la tierra conocida e ir al desierto. Todavía no cumplía los dieciseis. Qué difícil fue esa experiencia de una joven inmigrante desdeñada por mi incapacidad de expresar mis sueños y deseos como cualquier otra persona joven. Ya no estaba en mi casa. Esa vida que era expresada por medio de un lenguaje conocido y varios símbolos culturales había desparecido. Y lo mismo había pasado con las expresiones religiosas familiares.

Aspectos religiosos

Había aprendido en mi infancia a encontrar lo sagrado en medio de las relaciones de mi familia y comunidad. Parte de mi familia había permanecido en Puerto Rico. La comunidad hispana no estaba segura de cómo relacionarse con aquellos que se habían establecido en los Estados Unidos depués de muchos años y que tenían modos diferentes de comunicarse y comportarse.

Por primera vez decubría a la Iglesia, los sacramentos y la posibilidad de una comunidad de fe. Estos se hicieron muy importantes a causa de mi experiencia del exilio y los sentimientos de aislamiento y enajenación que lo acompañan. Pero otra vez el Señor se encarnó en las relaciones visibles que me rodeaban. Yo caminaba en la oscuridad como el resto de mi pobre pueblo inmigrante. En el sufrimiento y la opresión de mi pueblo, descubrí mi vocación en la vida. Debía ofrecer mi vida entera a Dios como instrumento para asegurar al pueblo que Dios estaba en efecto presente en su camino. El Señor habló claramente a través de la vida: "Deja todo y sígueme y Yo te mostraré cómo y a dónde debes ir". Después de mi experiencia como inmigrante, tomar un riesgo con mi vida no era tan difícil porque había aprendido aún más cómo confiar en el Dios de la vida que siempre había estado presente para mí. La espiritualidad que había heredado de mi pueblo me ayudó a darme cuenta de que nada en la vida es accidental sino que es una expresión del amor providencial de Dios. Esto era simplemente mi llamado a la vida religiosa. Era parte de la espiritualidad que yo había vivido a través de toda mi vida, encontrando a Dios en lo concreto de la vida.

La espiritualidad del desierto y de la resurrección

La vida religiosa me ha dado la gracia de reflexionar frecuentemente acerca del camino en mi vida, y la espiritualidad que me sostiene. Por muchos años de vida religiosa, no estaba consciente de las raíces de mi propia espiritualidad, y traté de adoptar la espiritualidad de mi comunidad religiosa. Esta espiritualidad estaba enraizada en la cultura dominante de los Estados Unidos y en la de la fundadora francesa de nuestra comunidad. No podía explicarme por qué ya no podía encontrar a Dios en la oración como solía. El Dios que solía encontrar en mi oración era el mismo que encontré en la vida, en las relaciones, en los sentimientos verdaderos. Estaba acostumbrada a empezar mi tiempo de oración compartiendo con Dios los gozos, penalidades y preocupaciones que eran importantes en mi vida. En los años formativos de mi vida religiosa, tenía que estar presente para la oración en un tiempo y lugar designado y tratar de meditar ayudada por un libro. Era una forma de oración que no me era familiar. Muchos años después descubrí que mi espiritualidad estaba enraizada en la vida, en las relaciones concretas, libres y espontáneas con Dios y los demás.

Empecé a ver la mano de Dios que me llamó en medio del sufrimiento y alienación de un pueblo migrante. Es en la vida, en el llamado de la gente a la que sirvo, en mi relación con personas específicas y en mi lucha interna por ser fiel al mensaje del Reino, donde encuentro mejor al Dios que me ha llamado por mi nombre de pila y por mi apellido. Mi espiritualidad es más comunitaria que individual.

El sufrimiento personal, el dolor del pobre, la agonía de la integración como minoría en la vida religiosa, la pasión de la Madre Iglesia en su lucha por vivir lo que proclama, y el grito de la creación en espera de su realización llenan una parte de mi espiritualidad. Esto es lo que Segundo Galilea y Vicente Serrano llaman la espiritualidad del desierto.[1] Para mí, es el compartir el sufrimiento de Cristo, o como dijo Pablo, ''completar lo que falta...''. Es la parte que el pueblo hispano expresa mejor a través de su devoción popular a la Cruz. Estos son los momentos en que se identifican íntimamente con su Salvador porque también saben lo que es el sufrimiento del inocente. Durante los momentos más arduos de mi vida religiosa, siempre he tenido el testigo cercano de la profunda tradición del misterio de la Cruz tal como es vivido por un pueblo lleno de esperanza.

Otra parte de mi espiritualidad está enraizada en otro aspecto del Misterio Pascual, la resurrección. Por muchos años, no sabía qué era precisamente esto. Simplemente lo conocía como fiesta, celebración, caras sonrientes, perseverancia dichosa, comunidad y esperanza. Dicha experiencia me recordó que cada gozo y éxito del pueblo también es mío, y los míos son de él. Fue realmente la capacidad de entrar en el sufrimiento de la vida lo que hizo posible experimentar la resurrección.

Conclusión

La espiritualidad hispana está arraigada en la vida. Experimentar la vida es encontrar la espiritualidad; es descubrir cómo me relaciono con lo sagrado, con otros y conmigo misma. Encontrar a Dios en la vida siempre ha sido parte de nuestra herencia cultural. Nuestros antepasados indígenas tanto como los conquistadores nos han regalado una rica espiritualidad encarnacional. Emanuel es nuestro Dios; Dios entre nosotros es el nombre de Dios.

Esta es una espiritualidad que me permite ver la mano de Dios en todo. Sin darme cuenta, me volví parte de una comunidad cuya patrona es María bajo el título de Nuestra Señora de la Providencia; el mismo nombre dado a ella por los puertorriqueños como su patrona. También esos inicios donde aprendí mis oraciones por primera vez, los innumerables rosarios a los disfuntos, que se hicieron los precursores de mi vocación religiosa en la comunidad de las Auxiliadoras de las Almas Santas del Purgatorio (conocida como la Sociedad de las Auxiliadoras) y cuyo carisma es orar, trabajar y sufrir por las almas del purgatorio.

Estos son los componentes esenciales de una espiritualidad que se transforma por medio del desierto y la resurrección de cada religiosa hispana. Los detalles son diferentes pero los fundamentos de la vida religiosa y la encarnación de Cristo son los pilares heredados de nuestra tradición religiosa reflejados en la vida de nuestros grandes santos, así como en la vida de la gente, pobre y humilde.

Encontrar a Dios en medio del sufrimiento del pueblo es el desierto. Dejarnos ser cautivados por Dios entre el pueblo es la resurrección. La religiosa hispana manifiesta su espiritualidad vaciando su corazón en oración, permitiéndole así contemplar al mismo Dios en la historia del pueblo—sabiendo cómo interpretar la vida a la luz de la fe; reconociendo al Dios de la historia; sabiendo qué hacer con ellos aquellos que están oprimidos por el pecado y por ellos; viviendo sus creencias; y actualizando constantemente el mensaje del juicio final de Mateo 25:31-46 donde Jesús es visto en el hambriento, el desnudo y el prisionero. La vida se recibe como el don gratuito del Dios de nuestros padres y madres dado renovadamente a cada persona.

Mi espiritualidad da testimonio de la grandeza que el Señor ha hecho en mí como parte de un pueblo. Con las palabras usadas en la celebración de mi jubileo por un pueblo que también ha atestiguado esta grandeza, concluyo esta reflexión sobre la espiritualidad hispana desde mi perspectiva como religiosa:

"Antes de que nacieras, ya te conocía,
Sabía tu nombre; por tanto te llamé.
  Para dar testimonio de mi amor
te llené con mis dones y mis gracias.[2]

NOTAS

1. Segundo Galilea ed. *El seguimiento de Cristo* (Bogotá: Paulinus, 1981); Vicente Serrano. *Espiritualidad del Desierto* (Madrid: Studium, 1969).
  2. Jeremías 1,4-5.

11

¡Qué bueno que estamos
envejeciendo!

Silvia Zaldívar

Esta expresión le parecerá un contrasentido a los que, siguiendo el sentir común y las teorías más aceptadas, ven la vejez como la época de la vida en la que estamos banjado en salud y actividad y los achaques propios de estos años hacen que nadie mire con alegría el llegar a ellos. En los Estados Unidos, especialmente, se venera a la juventud. Toda la propaganda de productos para lucir joven representa millones de dólares y a la edad fatal de 65 años se considera a la persona ''senior citizen'', lo cual no significa nada literalmente pero esas palabras llevan, como si fuera un estigma, la idea de que ya no somos parte ni de la vida productiva de trabajo, ni de la familia ni, desgraciadamente, de la iglesia. De este punto en adelante, sólo se nos verá como un problema o como alguien dependiente que debe recibir con resignación las migajas que le ofrece la sociedad en un pequeñísimo cheque del gobierno, en una visita al hogar de ancianos por las estudiantes de la clase que se prepara para la Confirmación o en una llamada por teléfono el Día de la Madres-de los Padres.

En la vida espiritual no sucede lo mismo. El desarrollo de esa alma salvada por la preciosa sangre de Jesucristo sigue constante hasta el día en que vuelve a su Creador.

Bernice Neugarten (profesora emérita de la Universidad de Chicago) dice: ''Antes se creía que uno crecía hasta la edad adulta y después de los 45 años comenzaba a declinar. Esto sucede si se considera solamente la estructura ósea pero, en realidad, la persona crece en sabiduría, bondad y amor a los demás hasta el fin de la vida''.

Existe una organización internacional fundada en Francia que tiene como objeto apoyar el desarollo espiritual de las personas de edad avanzada y cuyo nombre es ''La Vie Montate'' (La Vida Ascendente). Su filosofía es la misma que hemos expresado anteriormente; el ser humano no declina ni se deteriora, al contrario, acumula riquezas en su fe, la que ve de una forma más objetiva y con más sentido a medida que acumula experiencia, dones y años. La vida es como una rueda; su círculo no se completa hasta que da la vuelta entera y, si el círculo no está completo, no puede cumplir su finalidad que es la de movilizar el vehículo.

Estapas de desarollo

Para comprender mejor esta teoría, pensemos en nuestra propia vida y las etapas sucesivas por las que pasamos en la vida espiritual para completar el círculo, y al igual que la rueda, movilizar nuestra alma.

1. Comenzamos por el proceso de sentir a Dios en nosotros (introducción del niño/joven en la fe);
2. Al sentir a Dios, creador y redentor, en nuestra propia vida, sentimos el deseo y la necesidad de adorarlo (devociones, celebraciones litúrgicas); y
3. Al llegar a la plenitud de esta fe necesitamos traspasarla a otros (ministerio, servicio).

De niños, recordamos nuestras primeras emociones al hacer la primera Comunión y las que siguieron. Yo, personalmente tengo el vivo recuerdo de mi abuelita paterna con quien yo pasaba muchos ratos cuando vivíamos en Caibarién, el puerto donde yo nací en Cuba, especialmente a la edad de 2 o 3 años cuando nació mi hermano y mi mamá estaba muy ocupada. Mi abuelita me hacía repetir con ella las oraciones de la mañana y de la tarde y me hablaba de Dios y de la Virgen. Ella y mi mamá me llevaban a Misa al Colegio del Apostolado, la casa de la orden religiosa de monjas cubanas que recientemente cumplió 100 años de fundada,[1] y allí, rezando me inculcaban el amor a Dios como ellas lo sentían. Yo comencé a experimentarlo más bien como reflejo de mi amor a mi familia y a todo lo que lo representaba pero eso era sólo la base que me preparaba para mi vida espiritual independiente.

Unos años más tarde mis padres se trasladaron a La Habana y, como ya yo tenía edad de ir al Colegio, indagaron sobre los colegios cercanos a la nueva casa. Por coincidencia milagrosa, a pocos pasos de la casa había un colegio religioso que resultó estar afiliado al que yo iba con mi abuelita en Caibarién. Eran los designios de Dios que ellas me siguieran guiando y... llego mi primer encuentro con Jesús. Recuerdo la víspera de mi Primera Comunión cuando me encontraba en la capilla del colegio y comprendí que estaba comunicándome con el Ser Supremo y que no era ya, ni a través de mi abuelita o mamá, ni de las monjas, era el comienzo de mi vida espiritual.

De la misma forma en que los pequeños necesitan ayuda para desarrollarse físicamente, necesitan nuestro apoyo para el dessarrollo espiritual, y todo recordamos a las personas que nos iniciaron en la fe; la maestra del Catecismo, la monjita de la escuela, sobre todo nuestros padres y la abuelita. Por estas razones es tan importante que la evangelización del niño no termine cuando hace su Primera Comunión pues es sólo el comienzo. Esas personas que ya han ''ascendido'' tanto en sus vidas son un recurso valiosísimo en el proceso de la evolución de la rueda de la vida.

''Dejen que los niños se acerquen a Mí'', dijo Jesús. Nosotros podríamos modificar esa frase: ''Dejen que los abuelitos Me acerquen a mi a los pequeños''.

Cuando esa identificación con Dios se hace parte de nuestro ser, queremos mostrarlo. Por lo tanto, la segunda fase de este proceso suelen ser las devociones, o sea, oportunidades de hablar con Dios y con todo lo que se relacione con esta expresión espiritual que es ya parte de nuestra vida, como es la aceptación de la Virgen María y de los Santos como mediadores o intercesores entre nosotros y el Dios en sus tres personas divinas.

La tercera fase que reconocemos en el desarrollo espiritual es el ofrecerse a los demás. En apóstol Santiago (22,14-18) pregunta en su carta ¿qué bien no hace decir que tenemos fe si no la mostramos con nuestras obras? El sentido de la palabra "fe" usado por el apóstol en su carta es el mismo que solemos darle, hoy en día, al consentimiento intelectual de una serie de doctrinas basadas en la verdad proclamada por la Iglesia y resumidas en el Credo que rezamos cada domingo y que es el centro de los sacramentos que nos afirman como cristianos. En sí mismas, esas doctrinas no nos hacen cristianos, lo que nos hace serlo es el mostrarlo con nuestro ejemplo de vida y con la constante dedicación sirviendo a los demás y compartiendo esa fe a través de nuestro amor aún a los enemigos; a sirviéndolos en sus necesidades materiales tanto como en las espirituales.

En el texto de su carta, el apóstol Santiago complementa la idea de fe de San Pablo, seguida por los protestantes, quien considera que ésta es una entrega total a Dios por medio de Jesús crucificado y resucitado. La fe paulina nos dice que vamos a Dios, Santiago nos dice que ya estamos con Dios.

Según la versión de Santiago, nosotros no estamos expresando ese amor a los démas cuando los juzgamos nosotros mismos y ayudamos solamente a los que "nos caen bien" o creemos que lo merecen; en una palabra, hacemos la caridad en una forma cómoda y fácil para nosotros, sin exponer nada que afecte nuestro bienestar.

Los que hemos sido bendecidos con una vida larga, y lo digo por mi experiencia propia, vemos cambiar estos sentimientos a medida que pasan los años y estamos hacemos menos y menos centrados en nuestras propias creencias y devociones individualistas.

Un ejemplo que prueba esto:

Hace unos años llevé a un grupo de personas mayores a un viaje a Europa. La Agencia que lo dirigía más pasajes que los estipulados y nos hicieron ir, a mí y a 6 personas más, por otra ruta que resultó llena de problemas y barreras. Cuando ya llevábamos tres días en el aeropuerto de Nueva York sin poder salir para España, decidimos tratar de regresar a Chicago y nos propusimos sentarnos a hacer una oración para decirle al Espíritu Santo que guiara nuestros pasos.

Una de las señoras mayores del grupo que era una imagen viva de caridad cristiana dijo: "Señor, antes que nada, te pedimos que no sintamos rencor ni amargura contra los que, actuando deshonestamente, nos han puesto en esta situación."

Esta petición no fue la que probablemente hubiera hecho un joven: "Señor, que podamos hacer el viaje a Europa." No. Su pensamiento reflejó la plenitud de su desarrollo espiritual.

Choque cultural

Pero, ¿qué sucede cuando, debido a la migración a otras tierras nos encontramos en un ambiente dominado por una cultura en la que el proceso de desarrollo espiritual ocurre en forma contraria al que vimos en nuestros antepasados?

En la primera etapa vemos a nuestros nietos, si vinieron muy pequeños o nacieron aquí, integrarse más fácilmente al medio que los rodea, pero encuentran el choque cultural en sus hogares y en sus parientes mayores.

La segunda etapa incluye la dedicación al culto pero no se nos facilita practicarlo por la barrera del idioma, pero más que nada por la diferencia de costumbres. Nos obligan a orar en la parroquia, o sea en el templo que nos corresponde geográficamente. En esa parroquia me tengo que inscribir y se espera de mí que contribuya económicamente en una forma muy organizada, sí, pero a la que yo no estoy acostumbrada. Nuestras costumbres siguen la eclesiología del "santuario". En mi país iba a donde me llevaba mi devoción, y aunque quiera reconocer que todos somos parte del Cuerpo Místico de Jesús y que no importa quién sea mi vecino en el banco de la iglesia, allí me siento forastero y no parte de la comunidad.

En la tercera etapa, cuando se siente el ardoroso deseo de compartir con los demás el amor y la fraternidad cristiana, me encuentro sola porque en este país el ideal es que la persona mayor viva una vida independiente y no tenga otra relación social que la del "senior center" o la "Legión de María" una hora a la semana. Cuando yo recuerdo el respeto y cariño de que disfrutaron mis abuelos y, hasta el bienestar económico que tuvieron porque no se les aisló de la sociedad a cierta edad, me da un poco de nostalgia pero la traduzco en deseo de cambiar las costumbres y hacer que en nuestras comunidades y parroquias las personas de edad avanzada, cualquiera que sea su origen o el lugar donde se criaron, puedan disfrutar de una tercera etapa en su vida espiritual donde no tengan que rezar solos o contentarse con ver la misa por televisión porque no pueden llegar a la iglesia, donde sus valores morales y espirituales sean el ejemplo y la admiración de sus familiares más jóvenes, de sus vecinos y amigos.

Reconozco que es muy difícil integrar dos culturas y mucho más cambiar la nuestra por otra adoptada, pero sí podemos ofrecer lo valioso de nuestras raíces, no dejar de practicar nuestras costumbres, nuestra religiosidad y nuestro idioma y, a la vez tratar de conocer y apreciar lo que otras culturas tienen que ofrecernos. Por ejemplo; es muy poco celebrado entre los hispanos el Día de los Abuelos, que en este país se conmemora el segundo domingo de septiembre. Una de las costumbres más bellas que hay en los Estados Unidos es el Día de Dar Gracias, pero para nosotros es solamente un día libre y hasta lo llamamos ''el Día del Pavo'' quitándole al nombre su bello significado que es el de agradecer a Dios sus bendiciones y a todos los que nos rodean, su amor. La Semana Santa tiene para nosotros connotación de duelo, de tristeza, mientras que la sociedad anglosajona celebra la Resurrección desde el principio de la semana y la Pasión y Muerte de Jesús no son más que un medio para poder celebrar el triunfo. En la muerte de un familiar, nosotros expresamos con más vehemencia nuestro dolor por la pérdida, que la paz espiritual que notamos en los funerales de anglosajones y que denotan la esperanza y convicción de otra vida feliz. Todos estos ejemplos nos enseñan valores culturales que podrían engrandecer nuestra vida espiritual, si los analizáramos y los integráramos a nuestras vidas.

Conclusión

Si tomamos como base el principio sociológico que el ser humano es sociable, y no puede vivir aislado, y le agregamos las reflexiones hechas en este artículo sobre la necesidad de compartir nuestra fe con otros, cambiaríamos el aspecto de la tercera etapa de la vida espiritual para las personas en este país y estaríamos logrando que se cumplieran los dos mandamientos que son la base del cristianismo: Amar a Dios y amarnos los unos a los otros. Así lograríamos que todos pudieran desarrollar su espiritualidad en cualquier etapa de la vida en que se encuentren y en cualquier lugar de la Tierra donde les haya tocado vivir.

NOTA

1. En los primeros días del mes de diciembre de 1991 tuve la dicha de asistir a la conmemoración de los 100 años de fundado el Instituto de Religiosas Cubanas del Apostolado del Sagrado Corazón de Jesús, el Colegio donde obtuve mi educación desde primer año hasta secundaria. Meditando en esa celebración sobre la influencia de las religiosas en mi vida, pensé lo mucho que tengo que dar gracias a Dios por los que guiaron mis pasos en la vida espiritual de las tres etapas de mi vida: mi mamá, mi abuela, las religiosas del Apostolado, la Juventud de Acción Católica Cubana y mi esposo y mis hijos.

12

Espiritualidad de una familia hispana

José y Mercedes Rivera

Ante una sociedad masificadora, deshumanizante y consumista, son muchos los que ven el matrimonio como algo desprestigiado debido al desvanecimiento de los valores morales y los principios espirituales. Pero ya es tiempo de tratar de olvidar todo eso y pensar en nosotros para quienes tiene sentido y un valor muy especial esta realidad del matrimonio cristiano. Nosotros buscamos con gran ansiedad una espiritualidad conyugal que nos acerque más a Dios y a nosotros mismos.

Todos los fieles estamos llamados a la plenitud de la vida cristiana y de la caridad. En el amor conyugal son muchos los caminos, circunstancias y oportunidades que tenemos los matrimonios en nuestro llamado a la santidad. El amor conyugal es el amor humano que más se vincula con el amor de Cristo y su Iglesia. Por medio del bautismo y del sacramento del matrimonio obtenemos el privilegio de ejercer nuestro sacerdocio dentro del seno de la familia y de ser coherentes con Nuestro Señor Jesucristo.

Cuando nosotros contrajimos matrimonio hace unos treinta años, no existía ninguna preparación pre-matrimonial en El Salvador, nuestro país natal. Hoy existe Pre-Caná que es un servicio brindado por las diferentes arquidiócesis y en el cual estamos ambos sirviendo con mucho amor y voluntad.

En el tiempo en que nosotros tomamos la decisión más delicada que dos seres humanos pueden asumir al contraer matrimonio por la Iglesia, estábamos inconscientes de la seriedad que implicaba este compromiso ya que éramos sumamente jóvenes. Mercedes tenía 19 años y yo, José, 20. Desconocíamos por completo el valor del sacramento del matrimonio, dado que en aquel ambiente de machismo se veía el matrimonio con mucho negativismo. Cuando alguien se casaba decían que uno ya se había ahorcado o se hacían chistes parecidos a este: "Una virgen menos y un cristo más".

Quizá la decisión de recibir el sacramento del matrimonio era más por tradición o según las diversas circunstancias. En nuestro caso, cuando nos casamos Mercedes ya estaba embarazada. Si no formalizábamos nuestra situación, ella corría el riesgo de perder su trabajo. En aquel tiempo el tener a una empleada embarazada sin casarse constituía un desprestigio para cualquier empresa. Nos preguntamos ahora: ¿Sería eso una ventaja o una desventaja? ¿Un prejuicio muy grande? ¿O más bien una manera de responsabilizar a la juventud?

A los cuatro meses nació Vilma Sonia, nuestra primera hija. Pero todo lo habíamos pintado azul celeste, ilusionados y seguros de que sería un varón. Nos quedaba aprender que nuestro Señor no concede caprichos a nadie sino que las cosas suceden conforme a Su voluntad. Mercedes se sintió muy triste porque no me había complacido en ese aspecto. Cuando llegué a verla al hospital de maternidad me dijo: "No te pude complacer. Fue una hembra."

Yo, muy impaciente y emocionado, pedí a la enfermera que me llevara a ver a mi hija. Cuando la tomé en mis brazos sentí una emoción especial que sólo la da el nacimiento de un hijo. Entonces, regresé a Mercedes y le di gracias a ella y a nuestro Señor por habernos dado una hija tan hermosa y tan sana.

Pasó un año y yo soñaba siempre con el varón para que no se perdiera mi apellido. Esto era cuando nació Mirna, nuestra linda y sana segunda hija. Dialogamos y convenimos llegar hasta un tercer hijo y en esa oportunidad nació José, nuestro hijo varón. Mercedes se sintió tan complacida por el Señor que había satisfecho mis deseos. Yo me sentí orgulloso y realizado, más hombre que nunca y le dimos gracias a Dios porque nos había escuchado.

Al cumplir los dos años de edad en el niño se desarrolló un ataque de alergia muy severo. No sólo sufría de fiebres muy altas, sino que se le agrietaba la carita. De esas grietas supuraba un líquido y allí donde caía se formaba otra llaga. Es así cómo llegó a tener llagada la espalda y los brazos. El niño era muy valiente y no lloraba, sino que solamente se quejaba y se ponía su bracito en la frente. En ese instante nos sentábamos al borde de la cama y le aplicábamos la medicina recomendada por los doctores. Llorábamos amargamente compartiendo el dolor de nuestro hijo y rogábamos de todo corazón y con gran fe para que el Señor pusiera los medios para que nuestro hijo sanara. Nuevamente el Señor escuchó nuestras súplicas y, por medio de una vecina, se manifiesta el milagro. Ella nos pidió permiso para llevar al niño al Hospital Benjamín Blun para Niños donde fue atendido por un especialista en esa clase de enfermedades. El doctor me dijo: "Señor Rivera, no se atribule más. Su hijo se curará de esta enfermedad". Gracias a Dios, el niño sí sanó.

Inconscientemente habíamos vivido a plenitud nuestra espiritualidad conyugal. Compartíamos el dolor y hacíamos presente a un Cristo que da vida y esperanza. No perdimos la fe en él. Es tan grande al amor de nuestro Padre hacia nosotros que siempre nos escucha cuando le pedimos de corazón. Así de inmenso es el amor de nosotros, los padres, hacia nuestros hijos. A tal grado que cuando están enfermos preferiría uno tener la enfermedad y el dolor que ellos sufren.

El sacramento del matrimonio nos ha sido otorgado para que por medio de él hagamos presente a Cristo en nuestro corazón, en forma individual y como pareja. Así le damos la dimensión conyugal y familiar. Nosotros lunchamos cada día para que Cristo sea el centro de nuestra vida, al compartir con toda confianza nuestras tristezas y alegrías, al ser cada día más amigos. Procuramos que entre nosotros exista caridad, estimación, respeto y aceptación del otro tal como es. Todo esto desemboca en el río de la santidad. Esa es la espiritualidad conyugal.

Nosotros pasamos muchos años sin saber de esta riqueza espiritual y no podíamos encontrar el camino que nos condujera a la felicidad. El único camino que nos condujo a la felicidad fue el acercamiento a Dios. Ahora vemos nuestra vida conyugal con otros ojos. Hemos cambiado por completo nuestro estilo de vida. Si bien tenemos siempre cuidado de no llegar a ningún fanatismo extremo, seguimos siendo personas alegres y sociables.

Gracias a Dios, nunca nos acostamos enojados ni con resentimientos, aunque hayamos tenido algunas dificultades y diferencias, ya que ello es parte inevitable de la vida. El matrimonio que diga que no tiene problemas está muerto en vida, porque es precisamente allí donde está el éxito: en tener dificultades y saberlas solucionar de una manera inteligente y cristiana.

Para nosotros no ha sido fácil llegar a esta dimensión familiar y conyugal. Sabemos perfectamente que los dos tenemos que poner el cien por ciento en nuestro diario vivir. Es así como los problemas, por muy duros que sean, se hacen más livianos y los momentos de alegría más hondos. Estamos bien conscientes de que tenemos que mantenernos cerca de nuestro Señor porque todo matrimonio que se aleja de Dios tiende a desintegrarse. Esto lo decimos con bases firmes y por experiencia, pues exactamente a los dieciocho años de casados vino nuestro rompimiento matrimonial y llegamos hasta el divorcio legal. Cada uno de nosotros labramos nuestro propio infierno, producto de un alejamiento de Dios. El orgullo, el egoísmo y la intromisión de terceras personas (siendo que la única tercera persona que debe existir entre nosotros es Cristo) nos llevó a semejante destrucción.

Estuvimos separados cinco años y, como todo rompimiento, causó dolor y hubo consecuencias desagradables. Nuestros hijos estaban en la edad en que más necesitaban de nuestro apoyo y guía. Nuestro hijo José nos admiraba como padres y nos amaba grandemente. Eramos sus ídolos y modelos. Pero cuando los modelos se derrumbaron, se sintió vacío, confundido y desconsolado. Buscando un remedio a su dolor, comenzó a querer llenar ese vacío por medio de las drogas. El vicio es nocivo y progresivo y a los dieciocho años se había apoderado de él. La droga era más poderosa que su voluntad.

Como humanos habíamos agotado todos los medios para ayudarlo en su recuperación. Por momentos nos sentíamos desfallecer. Sólo Dios podía devolvernos a nuestro hijo que ya se encontraba perdido en la drogadicción. Lo pusimos en las manos del Señor y nos pusimos a orar todas las noches. Como pareja le pedíamos a nuestro Señor con toda fe y esperanza.

Poco a poco, nuestro hijo comenzó a reaccionar y a recuperarse. Fue alejándose de los amigos con quienes ya no tenía nada en común que compartir. El año pasado se mudó a Alaska donde se encuentra Sonia, nuestra hija mayor. Ahora, gracias a Dios, es un hombre nuevo y de bien.

A pesar del camino equivocado que nuestro hijo había recorrido, había en él una llamita espiritual que todavía humeaba y ésa era nuestra esperanza. En su cuarto siempre tenía a un Cristo, al Niño de Atocha y a la Virgen María.

Estos símbolos nos marcan para toda la vida y junto con ellos va nuestra manera de ser, nuestra multifacética espiritualidad. Para nosotros los latinos la unidad es lo más importante. Somos muy expresivos y comunicativos. Nos caracteriza ese calor humano que acerca a los demás. Poseemos una gran riqueza cultural y tradicional. Como católicos nos distinguen las tradiciones. Con gran alegría y en diferentes fechas celebramos a la Santísima Virgen. De allí se desprende trascendentalmente la espiritualidad de las familias latinas. Tenemos un folklore inmenso que ofrecer a este país. Tenemos tradiciones que compartir con otras culturas sin sentirnos humillados ni más que nadie.

Ahora en nuestra familia no nos cansamos de darle infinitas gracias a Dios por tener una familia unida. Aunque nuestros hijos se encuentran lejos, nunca falta la comunicación y la red de oración entre nosotros. Sonia, nuestra hija mayor y madre de cuatro hijos, vive en Alaska. Con ellos pasamos alguna Navidad. En esos días disfrutamos a plenitud el calor familiar, contamos chistes, jugamos con nuestros nietos. Mercedes prepara con amor suculentas comidas, siempre precedidas por la oración en familia. Todo ésto es espiritualidad familiar.

Esta Navidad iremos a Puerto Rico donde se encuentra nuestra hija Mirna quien ya tiene dos hijos. Los días se hacen larguísimos esperando estar con ellos y compartir el tiempo que podamos estar allí. Es hermoso llegar a los veinte, treinta y, por qué no, a los cincuenta años de matrimonio, si nuestro Señor lo permite, y así poder ver a los hijos crecer y desarrollarse y, luego, disfrutar de los nietos que vienen a alegrar el corazón de nosotros, los abuelos. Nos toca luchar por la unidad familiar pues ése es el plan de Dios.

En la espiritualidad de las familias latinas no nos cabe en la cabeza la idea de que nuestros hijos se marchen de casa cuando cumplen la mayoría de edad o se alejan cuando contraen matrimonio. Siempre anhelamos tenerlos cerca. Mucho menos cabe en los planes el recluir a los abuelos en asilos. Más bien los disfrutamos al máximo con gran respeto y cariño. Esta espiritualidad nos identifica y caracteriza.

Luchamos porque nuestra familia no pierda esos valores familiares, humanos y espirituales estando en este país. Esto, por supuesto, requiere esfuerzo y sacrificio porque el ambiente fuera de la casa es bien diferente y, en algunos casos, nocivo para nuestros valores. Debemos, pues, aprovechar todos los recursos que ofrece nuestra Iglesia Católica, abierta y actualizada según las necesidades de hoy.

Dentro del Movimiento Familiar Cristiano hemos encontrado todos los medios para reeducarnos en familia, ya que cuenta con servicios de Encuentros Conyugales, Reencuentros Conyugales, Retornos Conyugales, Encuentros de Hijos e Hijas, Familias al Cuidado de la Madre, Grupos de Crecimiento en sus diferentes etapas. Esta agrupación es como lluvia caída del cielo al servicio de todas las familias católicas de buena voluntad. Acá es donde nosotros hemos encontrado el llamado de nuestro Señor a compartir humildemente nuestras experiencias y aprender cada día de los demás. Pues no hay pobre que no tenga algo que dar, ni rico que no tenga que aprender algo de los demás. En el camino del Señor todo es recíproco y al dar se recibe. Para que el Señor derrame su gracia sobre nosotros, tenemos que ir muriendo cada día al egoísmo y al orgullo. Nos da mucha alegría el poner signos de vida en nuestro diario vivir como familia cristiana. Así vamos completando la obra que nuestro Señor Jesucristo dejó comenzada.

Con todo respeto y cariño, sus hermanos en Cristo.

13

La espiritualidad de un diácono

Enrique D. Alonso

¡Cuán cierta es la frase que dice: "No hay mejor libro de enseñanza que la vida misma". Yo agregaría: "cuando se vive atenta y profundamente esa vida". Esto me hace volver al tiempo de mi niñez para recordar las enseñanzas de mis padres y de los que tuvieron que ver con mi formación en la fe. A través de todos estos años yo he ido valorando y poniendo en perspectiva todas esas enseñanzas que han ayudado en el desarrollo de mi espiritualidad.

Nací en la cuidad de San Luis Potosí en México, una ciudad señorial y profundamente religiosa. Ahí se respiraba espiritualidad en todas partes: en las campanas que llamaban a Misa desde las 5 de la mañana, en las fiestas patronales de cada barrio, en las diferentes órdenes religiosas que estaban representadas en sus iglesias y en las fiestas religiosas celebradas por todos los fieles a lo largo del año. En mayo tenemos, la Santa Cruz; en marzo, la Semana Santa junto con la Procesión del Silencio; en julio, la Virgen del Carmen con una procesión de toreros; en agosto, las celebraciones de San Luis de Francia, santo patrón de la ciudad, y la fiesta de la Asunción; en octubre, la visita de la Virgen de Guadalupe a otras iglesias; en noviembre, el Día de Difuntos y la fiesta de Santa Cecilia, patrona de los músicos; y de diciembre a febrero, todas las festividades relacionadas con la Virgen de Guadalupe, las Posadas, la Acostada, Reyes y la Levantada que termina con la fiesta de la Candelaria. Este fue el ambiente en el que crecí.

Yo fui el último de siete hijos y llegué ocho años después del penúltimo de mis hermanos. Menciono este detalle porque no sé si esto contribuyó a que fuera más atento a las cosas que pasaban a mi alrededor, puesto que casi crecí solo con mis padres. Mis primeras enseñanzas de religión las recibí de mi madre quien me enseñó a persignarme y a decir mis oraciones de la noche: ''Dulce Angel de mi Guarda... no me desampares ni de noche ni de día, no me dejes solo que me perdería''. Con ella aprendí a rezar el Ave María a la hora del *Angelus* y a la hora de la *Aurora*. Con ella aprendí la vida de los Santos y las devociones de las Novenas.

Ahora que puedo analizar, me doy cuenta de que fue mi padre el que me enseñó quién era Dios. A través de él aprendí el concepto de Dios como Padre, un Padre que estaba atento a las necesidades de sus hijos. Aprendí la relación filial que había entre nosotros como personas, puesto que él me enseñó a pedir al Padre por los más necesitados que yo. De mi padre aprendí que Dios era el Creador de todo lo que yo podía ver, me lo mostró como el Arquitecto por excelencia puesto que todo lo había hecho bien calculado, desde los astros en los cielos hasta los montes y los animales, lo mismo que el organismo de las personas. Aprendí que todo ésto era parte de la creación y que a medida que todo se mantenía en armonía—puesto que así lo había creado Dios—era como podíamos tener una mejor vida. Es decir, no podíamos ir en contra de la manera como Dios había creado las cosas.

Es ahora cuando puedo apreciar la sabiduría de mis padres, puesto que ninguno de ellos llegó a cursar más de cuatro años de escuela. También puedo apreciar cuán inmersos estaban en la vida a través de sus creencias y sus tradiciones. Ahora es cuando yo puedo apreciar la calidad de vida que tuvieron y la calidad de vida que nos dieron aunque nuestra situación era precaria. Quizá por eso viví siempre con la ilusión del regalo del Niño Dios porque sabía que mis padres no podían proveerlo.

Mi catecismo lo recibí de la solterona del barrio que los sábados por la tarde juntaba a todos los niños de la vecindad para enseñarnos los elementos de la fe. Todo tenía que ser memorizado y, para facilitar esto, teníamos que cantarlo a coro según la tonada que nos diera. Recuerdo las primeras líneas de la enseñanza: ''Todo fiel cristiano está muy obligado a tener devoción de todo corazón...''. Lo mismo que: ''Los mandamientos de Dios son diez:...no matarás, no fornicarás, no pronunciarás el nombre de Dios en vano...''. Cada mes nos llevaban a la parroquia para reunirnos con todos los demás niños de otro barrio y para enseñarnos las cosas de la iglesia y nos daban dulces. ¡Cómo gozábamos en esos días! Después de la Primera Comunión todos juntos, escogíamos a los monaguillos que servirían a los padres en las misas de domingo. Para esto teníamos que aprender cómo contestar al padre en latín.

Estos fueron mis primeros años de formación religiosa y ¡cuánto me han ayudado en el transcurso de mi vida! ¡Cuántas veces en los altos y bajos de mi existencia he podido recurrir a estos tesoros para no perder mi camino, mi paciencia o mi fe! ¡Cuántas veces en el proceso de mi formación no he tenido que regresar a ellas como punto de referencia para no perder de vista la sabiduría de la fe!

La segunda parte de mi formación tiene lugar aquí en Chicago, siendo ya un joven adulto. Con el cambio tan drástico de vida que ocurre al emigrar a este país, además del trauma del cambio de ambiente y de lengua, perdí también mi relación con la autoridad. Es decir, ya no soy responsable ante alguien. Ahora tengo que depender de mis propios criterios. De pronto uno tiene todo este espacio y toda esta libertad y uno no sabe qué hacer con esto. Todo se aprende a golpes, a caídas y levantadas.

Después de gozar por un tiempo de esta nueva situación y de aprender de los errores, volví a mi vida de inquietud sin dirección. Buscando una respuesta, fui a participar de la experiencia de un Cursillo de Cristiandad. Esta fué una de las más fuertes experiencias de mi vida de adulto, pues en ella me encontré con Jesús. Pero no aquel Jesús del pesebre o aquel niño Jesús perdido en el templo o el de la devoción del Sagrado Corazón, sino a un Jesús vivo, resucitado, real, caminando con su Iglesia entre los hombres con sus problemas y anhelos, sufriendo, gozando y celebrando con nosotros.

Todo esto lo fui aprendiendo paulatinamente después de ese encuentro en el proceso de mi maduración como cristiano. De ahí nace mi conocimiento y mi ansiedad por la misión. De ahí nace mi deseo de proclamar a ese Jesús que muchas gentes no conocen y, aunque nunca pensé que lo podía hablar en público, empiezo a prepararme para transmitir ese mensaje por medio de la escuela de rollistas y de la comunidad de los Hermanos de la Familia de Dios quienes me dan la oportunidad de salir a las calles a tocar puertas y conocer las ansiedades, sufrimientos, angustias y miedos de los inmigrantes hispanos en este país. A través de esto aprendí cómo aquellos hermanos y hermanas podían ver en nosotros a Jesús en sus vidas. Podían hablar con esa confianza y esa seguridad de que estaban hablando con uno como ellos, puesto que junto al hermano que escuchaba estaba presente Jesús, en quien recuperaban la esperanza. Es porque la fe se manifestaba en la apertura que tenían para nosotros que éramos unos desconocidos. Y así, poco a poco, fueron surgiendo las misas en español y la oportunidad para que ellos pudieran proclamar su fe y reconocerse como personas significativas en el medio ambiente en el que vivían. Poco a poco, muchas de estas personas fueron pasando por el Cursillo, por los Hermanos y por la Misión y fueron tomando la historia en sus manos. Lo demás ya lo sabemos....

Cuando estaba en uno de esos momentos en que la vida pide que uno se defina, yo me hallaba muy inclinado hacia las misiones, incluso hice algunas averiguaciones con los padres Maryknoll. Por cosas de la vida o por el destino, tuve que regresar a mi patria por una emergencia y fue entonces cuando conocí a Juanita, mi esposa. Fue una de esas cosas que ya estaban escritas. A los pocos meses nos casamos para compartir nuestra vida para siempre.

Juanita es una mujer espiritual y tiene una base religiosa muy definida. Sus padres estuvieron involucrados en muy tradicionales movimientos apostólicos de la iglesia tales como las Hijas de María y la Adoración Nocturna. Por su parte, ella se educó en colegio de monjas. Es así que Juanita ha sido para mí el complemento de lo que es la tradición de la iglesia. A ella recurro para saber de dónde vino esta o aquella tradición o qué significan sus símbolos. Por ejemplo, la relación entre la presentación al templo de las niñas cuando cumplen los 3 años de edad y la Presentación de María por sus padres a esa misma edad.

Unos años después de haberme casado fui llamado para participar en el programa del Diaconado Permanente. Al principio no estaba seguro de que ésto fuera para mí. No porque no quisiera comprometerme con la iglesia más de lo que ya estaba, sino porque no me consideraba digno de ese llamado. Fue con el apoyo de Juanita que pude entender que el Señor me llamaba para algo más de lo que yo había hecho hasta entonces. Por una parte, el diaconado me proveyó de las bases del conocimiento de nuestra fe que no había tenido anteriormente en cuanto a las Escrituras, la liturgia y los sacramentos; conocimiento que enriquece la predicación, las oraciones de los fieles y la celebración de los sacramentos. Por otra parte, el diaconado vino a enriquecer nuestra vida matrimonial.

Después de la ordenación se ha dado un proceso de formación para profundizar todas las cosas que había aprendido hasta el momento, tanto en el terreno del conocimiento como en el de la espiritualidad. Todo esto me ha llevado a una relación más íntima con Dios a través de la liturgia de las horas, el Rosario, la meditación en silencio o la meditación contemplativa, la misa o la reunión con los hermanos—momentos en que soy consciente de la presencia de Dios. También ocurre en la familia cuando oramos antes de comer, al dar gracias o pedir un favor a Dios, en nuestras celebraciones familiares en el día de Acción de Gracias, las Posadas, Difuntos o en el domingo de Resurrección.

Estas experiencias me han llevado a poder respetar y valorar la presencia de Jesús Resucitado entre nosotros en todas las diferentes actividades que hago con grupos de fieles mediante enseñanza, liturgia y planificación en la comunidad. En ello reconozco lo que aprendí con los Hermanos de la Familia de Dios cuando dicen que la voz del pueblo es la voz de Dios.

Nosotros somos gente de celebraciones, relaciones y tradiciones. Yo no sé si somos diferentes a los demás, pero sé que no necesitamos un lugar específico para encontrarnos con el misterio de Dios, aún más allá de lo transcendente, ya que nuestros difuntos, por ejemplo, siguen siendo parte de nuestras vidas y de nuestras celebraciones. En todas las oraciones recordamos su presencia. Al recordarlos se hacen presentes en esos momentos de conversación.

En estos momentos difíciles que atraviesa nuestro mundo, cuando los valores de las instituciones están cayendo uno a uno, los valores morales se hallan tan desfigurados, las cuestiones de nuestra fe se ven tan frágiles y la credibilidad disminuye, yo recurro o lo básico, a lo simple de nuestra religiosidad que es la oración y el convencimiento de que Dios proveerá. Lo que falta es que asumamos nuestras responsabilidades, pues sólo el regreso a la razón de nuestra existencia y a la armonía de los elementos del universo, incluyendo al ser humano, nos puede traer la paz y el bienestar. Sé que tenemos que trabajar mucho en esto para concientizarnos de este cambio de vida y de corazón. Volver a ponernos en contacto con la naturaleza, con uno mismo y con Dios. Sólo así podemos salvar nuestro mundo y nuestro modo de vivir. Pero aún a pesar de todo esto, yo sé que tengo mi espacio y mi santuario para encontrarme con Dios y fortalecer mi espíritu y mi fe. Puedo hacerlo en mi hogar y en la comunidad de fe. ¡Dios está en la comunidad!

14

Re-descubriendo mi historia espiritual: Exodo y exilio

Alvaro Dávila

Antes de comenzar, nos parece adecuado aclarar que en ningún momento trataremos de definir la espiritualidad del hombre (género masculino) latinoamericano, sino más bien trataremos de narrarla, desde una de sus varias dimensiones: su realidad histórica. Decimos esto, porque nos parece que la experiencia espiritual sólo puede ser reconocida, contemplada, y comprendida cuando vivimos en un continuo diálogo con las memorias de un pueblo. Profundamente creemos que tratar de definir la esencia de la vida tendría como resultado exponer una realidad incompleta.

Nos limitaremos a la dimensión histórica debido a la limitación de espacio que tenemos. Aún así, creemos que estas líneas sólo serán una motivación para desarrollar trabajos más detallados sobre algunas realidades que esperamos delinear. Con esta narración trataremos de recuperar algunas de la razones por las que tratamos de romper con la historia que nos ha dado vida y nos ha animado a llegar hasta el tiempo y espacio presente donde con mucho orgullo hemos aprendido que tanto Espíritu como Pueblo sólo pueden ser realidad cuando uno está y es parte de ellos.

Como latinoamericano viviendo lejos de su país de origen, hoy tengo la oportunidad de recordar y revivir mucho de lo que me hace lo que hoy soy. He aprendido a admitir que mi padre y mi madre no tuvieron la oportunidad de terminar la escuela primaria. Mi madre, mujer campesina y conocedora de la medicina natural, tuvo su primer hijo (mi hermano mayor), a los quince años; mi padre se quedó huérfano desde los seis años, edad en la que tuvo que empezar a trabajar para sobrevivir. Desafortunadamente no sé mucho de nuestros abuelos y abuelas, pero ya la realidad de mi papá y mi mamá me empieza a contar de la realidad de donde procedo.

Pienso en mi madre, una mujer de campo, muy sabia y respetuosa de la naturaleza que conoce mucho de las hierbas medicinales; y no sólo para aliviar a la gente, sino también conoce hierbas que alivian a los animales, pero que por no haber terminado la escuela primaria se siente ignorante frente a su hijo a quien con tanto sacrificio ella le logró pagar estudios de educación media. Hoy al estar yo terminando una maestría en estudios pastorales, tengo que hacer ejercicios como el de escribir estos renglones para poder reconocer la sabiduría que mi madre y mi pueblo tienen y que por muchas décadas yo me dí el lujo atreví a despreciar llamándolos ignorantes.

Pienso en mi padre que siempre se presentaba como "Piloto Automovilista". Yo siempre me imaginé que era que le daba vergüenza admitir que era chofer, que no había estudiado en la escuela, que no era "profesional". Pero la verdad es que él dice ser Piloto Automovilista no por vergüenza, sino por orgullo. Esta es su "profesión". Es que era su trabajo y por medio de ese trabajo se ganaba honradamente los centavitos con que mis hermanos, hermanas y yo podíamos pasear, comer y vestir. Pero yo estaba yendo a la escuela y algún día sería profesional, por eso no podía entender lo de "Piloto Automovilista". Me tarde más de veinte años en descubrir que mi papá es historiador, albañíl, carpintero (de nombre José, por cierto), mecánico, electricisita, arquitecto, solador, etc. El diseñó y construyó, con sus propias manos ¡y las de mi mamá!, la casa en donde hasta la fecha viven. Pero tampoco pudo terminar la educación primaria. ¡Ah! eso sí, mi papá, como todos los hombres de su tiempo, todavía se quita el sombrero para saludar a la gente.

En su bondad y amor por sus cinco hijas y cuatro hijos, mi papá y mi mamá, trataron de que la historia no se repitiera, siempre nos empujaron a "ser más de lo que ellos eran", aunque en su esfuerzo, yo solamente aprendí a ser lo que no soy.

Recordar y admitir nuestra historia nos va a contar la violencia que nuestras vidas sufren cuando al haber sido introducidos en un mundo técnico-académico, se nos despoja, o tenemos que despojarnos de nuestras raíces, de lo que somos, ya que no es muy frecuente que en la preparación académica se nos proporcionen las herramientas para descubrir, afirmar y celebrar nuestra identidad como criaturas de Dios en un lugar y tiempo particular.

El mundo fuera del hogar está lleno de conceptos y actitudes que no nos permiten ser quienes somos. Se me hace un nudo en la garganta cuando recuerdo las veces que en la escuela me escondía para poder comerme mi "panito con frijoles" que con tanto amor me preparaba mi madre a las cuatro de la mañana. Yo sabía que mis compañeros en la escuela, tan pobres como yo, llevaban "sandwiches de jamon" (al menos eso decían ellos). Recuerdo que me decían: "Vos traes pan con pollo negro", como una forma de burlarse.

Nuestra experiencia ha sido la de la lucha marcada con cicatrices de rechazo y pagada con precios tan altos como la misma dignidad humana, que sólo ha servido para apagar nuestro espíritu. Llegamos a estar en un momento en que, inconscientemente, ya no es posible comunicarse con Dios ni en el idioma, ni en la cultura, ni en la realidad que tan bondadosamente nos dio. Es muy triste recordar porque en esos recuerdos existe una continua negación de nosotros. ¿Será acaso que en algún momento de la historia pasó algo que nunca debió haber pasado?

Resulta que hoy cuando veo toda la formación académica que he tenido, que para hablar de mi mamá y de mi papá ya no uso lápices o lapiceros, sino computadoras, me doy cuenta de que no sé ni una pizca de lo que ellos sabían a mi edad. Es que en mi formación académica se me dijo que para poder saber en este mundo, tenía que aprender a manejar ciertas máquinas que me ayudarían a escribir, que tenía que tener la habilidad de citar a otras personas, a personas extranjeras a mi historia; que debía de haber leído cierta cantidad de literatura extranjera, jamás tuve que leer el *Popol Vuh* (Libro sagrado de los Mayas), como parte de los requisitos de mi formación, que por el contrario me hubiera ayudado a entender mejor por qué como tantas tortillas, atole de elote, tamalitos, bebidas de maíz, y quién sabe, hasta pude haber así considerado ser agricultor y aprender a respetar la Madre Tierra. Pero en la escuela, por lo contrario, tenía que comer sandwiches de jamón para poder ser parte de "lo normal". Sólo lo despreciado, lo pobre, lo indio o lo humilde como solemos maldecir come tortillas y frijoles.

Hoy que recuerdo, los ojos se me hacen agua cuando oigo a mi madre, que en medio de su inmenso amor incondicional y tratando de darme vida, tenía muchas veces que pedirme que por favor yo dijera que ella no era mi madre, para que yo no me sintiera ligado a "una realidad campesina" que frente al mundo capitalino sólo me provocaría ser parte de una herencia rechazada y me impediría avanzar "en el mundo civilizado de los ladinos". De hecho yo también aprendí a insultar a la gente diciéndole, "Pareces Indio".

Recuerdo a mi padre con sus ojos llorosos cuando yo le quité de la pared de la sala de su casa todas sus fotos y se las puse en una caja sellada con cinta adhesiva y amarrada con pitas, como para asegurarme que no se volvieran a salir porque me avergonzaba de ellas cuando llegaban a visitarme mis amigos de la escuela. Esas fotos en blanco y negro ¡mejor dicho amarillas por el tiempo! son la narración de lo poco que mi padre sabe de su historia. Ellas representan las caras de las personas que ayudaron a mi papá y los esfuerzos que él había hecho en su vida para "salir adelante". Ellas hablan de los sufrimientos que significa ser huérfano, pero también de las alegrías y el orgullo que significa ser padre de una familia de nueve. Mi padre tiene hoy esas mismas fotos en las paredes de su dormitorio. Cada vez que llego a mi casa ese mural me recuerda lo que hice.

Como repito, mi historia es una continua negación de lo que soy, un ladino con barba, producto de lo indígena violado que ha tenido que pasar gran parte de su vida negando lo que es. Al fin, al ser confrontado, he empezado a reconocer la identidad que Tata Chus[1] me dió.

Haber logrado salir del medio ambiente en que vivía me ha servido para aprender a valorar lo que muchas veces negamos. Recuerdo que, cuando llegué a los Estados Unidos y empecé a lavar platos, el primer día me sentí tan contento porque ya estaba trabajando, pero al correr de los días, se me iba haciendo muy pesado admitir que eso era lo que iba a ser el resto de mi vida. Pero ¿qué podía hacer? para eso vine a este país, a trabajar. Sin embargo, yo podía masticar esa realidad, mas no tragármela.

A esto le siguió el hecho de que la primera semana de trabajo no podían pagarme porque no tenían mi número del seguro social para hacerme mi cheque. En mi inocencia les dije: "Pues simplemente hagan el cheque a mi nombre y ya" a lo que me respondieron: "No seas...no es tu nombre lo que nos interesa, sino tu número". ¡Ah qué triste! me dije. Para ser alguien en la vida ya no sólo era indispensable dejar de ser campesino, dejar de comer frijoles, no tener mamá, sino ahora ya ni mi nombre importaba. Podía llevar cualquier nombre, porque ya no hacía ninguna diferencia.

Pero en medio de todo ese rechazo algo pasó. Fue en la época de Adviento del año mil novecientos ochenta y seis, cuando en nuestra parroquia (Nstra. Sra. de la Merced, en Chicago), se nos invitó a que durante esos cuatro domingos, trajéramos los trajes típicos de nuestros países. Fue algo muy colorido, precioso y alegre ver llegar cada domingo un mundo de gente que celebraba su vida, con sus colores, con sus ropas y el olor que estas despiden, con su música, y todo en nombre del Dios que nos dio esa misma vida, esa cara, ese olor y ese color.

Pero, de repente, como cuando un niño descubre su sombra y se ve a sí mismo sin todavía darse cuenta de que es él, me pregunté dos cosas: Primero, en esta ocasión no eran sólo niños y niñas quienes traían esos trajes puestos, también eran los adultos quienes los traíamos puestos. Eso no se daba en nuestros países. Nunca hemos querido ser indígenas. Las únicas veces que se admitía el traje indígena en una celebración religiosa del pueblo, era para las fiestas de la Santísima Virgen de Guadalupe, en la que vestimos de "inditos" a los niños/as, pero nunca nos vestimos nosotros los adultos. ¿Qué estaba pasando aquí?, me preguntaba. Estábamos celebrando lo que por vidas enteras habíamos rechazado ¿Cómo es eso posible?

Pero hubo una segunda y más profunda pregunta que me vino más tarde. Me puse a pensar que el hecho de que mi gente estuviera usando estos trajes, significaba que cuando se venían a este país, se traían esas cosas indígenas que habían rechazado por generaciones. No importaba qué tantos ríos teníamos que cruzar, no importaba que nunca las habíamos usado, no importaba que nunca las fuéramos a usar (porque no sabíamos que las íbamos a usar), sin embargo nos las trajimos y las colgamos en las paredes de nuestros hogares y se las regalamos a nuestros nuevos vecinos de otros países como prueba de nuestro amor hacia ellos. ¿Cómo es posible que nos traigamos lo que rechazamos?, me pregunté. Mi respuesta fueron risas, satisfacciones, y también nervios. Temblé. Temblé porque vi a mis hijos vestidos como "La Tona", la indita que me vendía atole todos los días. Temblé porque no sabía lo que estaba pasando.

Años después de aquella experiencia me doy cuenta de que nuestra vida, con nuestro idioma, con nuestras plantas medicinales, con nuestras buenas maneras, con su bella y rica cultura, esta vida, es lo suficientemente buena como para poder encontrarnos con Dios y con su creación. Hoy he aprendido a ser libre, hoy he aprendido a ser espiritual porque me he reconectado a las raíces, a los orígenes de mi vida, hoy tengo una idea más clara a donde voy, hoy he aprendido a llamarme hijo de Dios. Hoy he aprendido a ver a Dios en mis hermanos y hermanas, y aunque yo no uso sombrero para poder saludar con todo respeto a la gente como lo hacía mi padre, he aprendido a ponerme de pie para darles la mano.

Por eso cuando me pidieron escribir mi experiencia de espiritualidad como hombre latinoamericano, como cristiano que profeso ser, apareció en mi cabeza la palabra conversión. ¿Conversión a qué? me pregunté. Pues bien, como hombre que soy siempre se me dijo que yo iba a ser el "proveedor" de una familia y que por eso tenía que ir a la escuela y educarme, y aprender. Por eso sí creo que al hablar de espiritualidad del hombre latinoamericano, también hablamos de conversión. Sólo que esta vez hablamos de una conversión a reconocer lo que Dios nos hizo.

Al haber escrito este artículo he dejado de estar muerto. He pasado de la muerte a la vida. Mi historia estaba muerta, hoy ha resucitado. Benedito sea Dios, mi mamá, mi papá y todos nosotros, su Pueblo.

NOTA

1. Tata Chus significa el papá de Jesús, Dios.

15

"Querido Padre Arturo"

Clotilde Olvera Márquez

Querido Padre Arturo:

Aquella tarde cuando me habló para invitarme a escribir algo sobre la espiritualidad de la mujer hispana con alegría me dije:—"Sí, Padre, lo intentaré." Y aquí me tiene intentándolo. Mas no sé si cuando usted lea estas páginas encontrará lo que me pidió o desea. Lo que sí sé es que lo voy a hacer con amor pidiendo a Dios que me ilumine. Como lo considero un buen amigo, le confieso que así soy de impulsiva en todas mis decisiones: soy de las que primero hablan y luego piensan. Pero hasta el momento no me he arrepentido de actuar así porque el Señor siempre me asiste. Ni se diga si se trata de mi credo, mi iglesia o un servicio.

También quiero que sepa que me sentí halagada. Y cómo no sentirme así si a mi edad pocos son los que nos toman en cuenta porque, según la opinión popular, ya no servimos para nada y nos van marginando. Con el pretexto de que van a ser atendidos, muchos son llevados a los asilos y hospitales. Esta es una de las costumbres que todavía no entran en mi mente como aceptables. Pero es por mi cultura en la que a los viejos se les quiere y se les cuida.

Hace años murió la suegra de una sobrina mía a la edad de 115 años. Ya era como una bebita a quien le de daba de comer en la boca y se le cambiaban los pañales. Como es natural, mi sobrina se sentía cansada, si bien nunca la oí renegar. Cada vez que las visitaba me maravillaba el cariño con el que la trataban. Lo que me sorprendía aún más es que a cierta hora de la tarde esa viejita llamaba a todos por su nombre y se soltaba cantando viejas alabanzas.

A través de lo que vaya narrando irán entrando testimonios como éste para que entienda que cuando llegué a este país sufrí un tremendo choque. Sí, tal como suena la palabra, no exagero. Es que yo nací y crecí en un ambiente de religiosidad muy grande y arraigada. Nací en León, Guanajuato, el 3 de junio de 1912. Me bautizaron a los ocho días con el nombre de María Clotilde de la Luz. Clotilde, por el día en que nací, y María de la Luz, por el cuadro de la imagen de la Virgen María—santísima patrona de la ciudad—bajo cuya advocación es venerada en la catedral de León.

Mi mamá fue una mujer muy piadosa quien dejó a sus hijos la herencia de una gran fe. Por su ejemplo y sus enseñanzas aprendimos a creer en Dios, a amar a María, Nuestra Madre Santísima. También nos infundió gran respeto por los sacerdotes y ancianos, y nos enseñó a tener compasión por los necesitados al verla ir a los vecinos más pobres llevándoles comida o ropa. Yo siempre he creído que en el tiempo de Posadas su gozo más grande era vernos a todos los chiquillos pelear con alboroto por la fruta de la piñata o por las colaciones y dulces. Aunque para participar en todo, primero teníamos que estar atentos en el rosario y la novena. Además, según nuestro comportamiento en esas noches, eran los juguetes que recibíamos en el día de Reyes. Ella nos decía que era la encargada de mandar decir a los Reyes Magos cómo nos portábamos. Al final nadie se quedaba sin un juguete. Mi madre se encargaba de que así fuera. Mi padre, para hacerla enojar, la llamaba fanática en un tono irónico. Yo pienso que el mundo de hoy necesita fanáticos como ella. En mi memoria esta etapa fue la más bella de mi vida.

Tenía yo quince años cuando murió mi mamá. Hubo dos tragedias que la afectaron mucho: la inundación de León en 1926 y la revolución Cristera que estalló en enero de 1927. Por eso digo y diré siempre: "He visto la aflicción de mi pueblo, he oído su llanto" (Ex 3,7-8). Repasando a veces pasajes de la larga historia de la humanidad, nos tropezamos con momentos que bien pueden ser calificados como realmente históricos. El pretexto para que se desatara la persecución callista fueron las declaraciones de Monseñor Mora y del Río, arzobispo de

México, ante un reportero del periódico *Universal*. En ellas protestaba contra los artículos de 1917 que convertían a la llamada "libertad" en farsa para los católicos mexicanos, dado que, de hecho, quitaban todas las garantías a los sacerdotes y hacían de la práctica de la religión católica un crimen. En seguida se promulgó lo que nosotros llamamos la "Ley Calles." Esta ley fue impresa en letra y caracteres bastante legibles y fue fijada en las puertas principales de todos los templos. Esto ya se esperaba, pues durante casi un siglo sin fin de borrascas se anunciaba esta tormenta. Y, por fin, se desató esa persecución religiosa por el Nerón del siglo actual, el Presidente Plutarco Elías Calles, quien gobernó el país de 1924 a 1928.

En lo poco que voy a escribir se podrá apreciar al Espíritu que vive, guía, ilumina y fortalece a la mujer de mi México. En aquel triste y terrible momento de nuestra historia, muchas heróicas mujeres se levantaron luchando en pro de la libertad de culto. Hay un libro que las llama las Judits mexicanas. "Encantador y loable," dice el libro, "fue verlas con la sonrisa en los labios y gran valentía llevar dinero y consuelo a los sacerdotes presos; otras prestaban sus casas para esconderlos, no sólo a ellos, sino también a religiosas u otras personas perseguidas. Otras con mayor peligro recogían gente sin casar, niños sin bautizar, y en sus casas celebraban misas y sacramentos (peligro máximo porque así fue como agarraron a muchos sacerdotes a quienes golpeaban, martirizaban y mataban)". Mi mamá, unas tías y otras señoras, al estar rezando las oraciones de la misa en una hora que creían se estaría celebrando en algún lugar, fueron sorprendidas por algunos soldados (seguramente luego, una denuncia) y llevadas presas, golpeadas y encerradas por días. Les tocó presenciar cómo un grupo de religiosas fueron golpeadas y desnudadas en medio de burlas y risotadas. Entre ellas estaba la superiora de ellas, una anciana de unos noventa años. Lo que más conmovió a mi mamá fue la mansedumbre con que soportaban tanto maltrato. Almas grandes fueron las de estas mujeres que ofrendaron sus vidas y sufrimientos.

En la mente de mi madre brilló un ideal sublime, santo y justo: la libertad de nuestra iglesia católica, alma y vida de la nación mexicana. "Defender y conservar esta religión sacrosanta y bienhechora," decimos, "es la empresa más digna y noble que todo mexicano o mexicana bien nacido debe hacer, pese a los ingratos que han olvidado lo más hermoso de nuestras tradiciones y cultura''. En estos hechos podemos ver que el que ama, por el sólo hecho de amar, abre en el corazón una fuente de luz celestial.

Cuando usted me mandó los papeles para escribir, en seguida fui a ver a un padre con el que llevo una bonita amistad desde hace dieciséis años. Le mostré los papeles pidiéndole me aconsejara qué escribir según lo que me pedían. Me contestó diciendo: ''Clotilde, lo que te piden es que escribas cómo Dios está presente en tu vida diaria. Y como tú lo ves, lo descubres y enseñas en la práctica diaria. Empieza a pensar y a escribir lo que haces y has hecho desde años atrás''.

Lo pensé pero ¡vaya que es duro hablar de una misma! Ahí comencé con mi niñez y las dos pequeñas historias—raíces de mi religión y cultura expuestos muy limitadamente. Pasando a otra etapa, el motivo de mi haber emigrado a este país fue que al morir mi esposo, un hermano de él con quien estaba en sociedad en varios negocios se adueñó de todo dejándonos en la calle. Dos de mis hijas vivían en Salinas, California, quienes al saber de mi situación, arreglaron para que me viniera con ellas. Llegamos el 22 de febrero de 1960 y, como dije en el principio, el choque fue terrible. Todo me parecía tan extraño. Otro idioma, otra cultura, otras tradiciones. La nostalgia me provocó una tremenda depresión. En la casa y en la iglesia de rodillas ante Cristo en la Cruz le pedía llorando que me permitiera volver a mi tierra y sacara de mí el odio que sentía por mi cuñado y la ambición por el dinero con el que se quedó. En Su infinita bondad, me concedió lo más importante para mi bien. Ya no odio a mi cuñado Ignacio, ni ambiciono sus riquezas, porque ahora soy más rica que él. Tengo fe, libertad de esas cadenas y la presencia de Cristo en mi vida. Aunque la nostalgia por mi pueblo me agobió por mucho tiempo.

Hasta que un día me invitaron un retiro de tres días. Allí descubrí a Dios en mi vida, que desde los primeros pasos el me ha guiado. Allí me dijeron que el Señor a veces nos poda y nos trasplanta y allí tenemos que florecer y dar fruto. Esa noche la dije:—''Señor, empiezo a entender que algo quieres de mí. Por eso de raíz me arrancaste de aquel suelo y me quitaste todo aquello que impidiera que floreciera y diera fruto. Grande eres, mi Señor, con los que llamas para tu servicio en tu plan de salvación.''

En la clausura de aquel retiro me entregaron una cruz diciéndome: ''Cristo cuenta contigo''. Al yo contestar: ''Y yo con el'', le di mi palabra y el me la dió de que así sería. ¡Aquel momento fue sublime! El director de aquel retiro me regaló el librito *Camino* con esta dedicatoria:

> Clotilde: Camina siempre al lado del Señor y sentirás cuán hermosa es la vida cuando el camino tiene las huellas de Cristo. Pisa siempre tras el sendero que te señale este Peregrino.

Fue ahí donde descubrí que Cristo vive y está entre nosotros, que no es un Dios lejano. Allí estaba hablándome, enjugando mis lágrimas, pero también enviándome. Le di mi palabra y la palabra dada es sagrada: *caminar hacia el Padre, por Cristo a impulsos del Espíritu Santo, con la ayuda de María y todos los santos llevando consigo a los hermanos.* Esta es lo fundamentalmente cristiano. Esta es otra dedicatoria que mandó en tarjeta postal una gran amiga de Gilroy, California. Ella es un gran ejemplo de santidad al igual que Lupe Sánchez y su hermana Carmen. Con ellas trabajé por ocho años en los Cursillos de Cristiandad. Es así como comenzó mi gran aventura de cristiana católica comprometida y nada menos que con el Amo y Señor del mundo y con mi iglesia. Cómo resistirme, si todo el evangelio nos invita a caminar siempre sin descanso. Cristo nos dejó un mandato y pocas veces usó el imperativo. Sin embargo, antes de su ascensión al cielo, lo usó con toda la autoridad que le fue dada: ''Vayan por todo el mundo, anuncien la Buena Nueva a toda la creación. Vayan y hagan discípulos míos a todas las gentes'' (Mt 28,19; Mc 16,15).

El mismo evangelio nos da a entender que la aventura de ser cristiano no es solamente que no pasemos la vida diciendo: ''Señor, Señor'', sino que es preciso hacer (Mt 7,21). Hacer aquí y ahora. No es fácil seguir a Cristo, muchos lo sabemos. En todo camino hay piedras, encrucijadas, golpes tan certeros en pleno corazón que nos hacen tambalear. De éstos he recibido algunos y siempre de seres my queridos. Hubo un incidente por el que estuve a punto de alejarme de todo porque me dije llena de amagura: "¡Basta! ¿Para qué sirve mi entrega?" Resulta que por diez años me entregué con gran amor al servicio de la parroquia. Iba a los campos de braceros a darles doctrina para que recibieran los sacramentos e igualmente preparé como a cuatro familias en la ciudad. En una de ellas ni la abuela estaba confirmada. Luego, un año, varias mamás nos propusimos lanzar a nuestras hijas como candidatas para Reina de las Fiestas Patrias de México. Lo hicimos porque se debía gran parte del dinero que se pidió para construir el templo y por años sólo alcanzaba para pagar los réditos. Fue un trabajo muy, muy duro. Sin embargo, tuve el gozo de entregar cinco mil dólares al padre párroco. No sé cuánto entregaron los demás. Es imposible decir aquí todo lo que hice por mi parroquia, por el padre y por la comunidad. No trato de resaltar lo que hice, sino lo que mas pasó y cómo Dios no me abandona.

Un jueves por la tarde, después de misa, el padre expuso el Santísimo y dijo al pueblo:—Vamos a desagraviar al Señor por las ofensas de personas que han hecho... (y decía todo lo que yo había hecho o hacía). Sólo le faltó nombrarme. Y añadió:—Sólo son sepulcros blanqueados. Al pie del Santísimo estaba un matrimonio invitado por él y ellos en su oración ¡decían lo mismo!

Nunca supe el motivo y aunque mucho le pedí que me recibiera, nunca lo hizo. El padre ya murió. Aquel matrimonio me evadía siempre. Yo ya logré vencer mi rencor, pero el dolor que eso me causó fue muy grande. Tan grande que mi primer pensamiento fue retirarme de todo. Entré en una tremenda lucha conmigo misma. Era mi yo contra mi fe, pero ganó mi fe. Gritaba bañada en lárgrimas:—Señor, sálvame porque me hundo (Mt 14,30). Este clamor está siempre en mis labios cuando siento que me hundo en un mar de angustias. Sin embargo, nunca me ahogo porque ahí está El, mi Cristo, dándome la mano, sacándome a flote. Por eso digo siempre en grandes o pequeñas asambleas:

> Caminemos siempre, llevando gran provisión en nuestra alforja de peregrinos: fe, esperanza y caridad. Podemos encontrar a muchos hambrientos. El evangelio nos habla del amor y quien lo ha sentido. Cristo, el amor encarnado, afirma: "Yo soy el Camino, la Verdad y la Vida. Nadie viene al Padre sino por mí" (Jn 14,6).

Esta es la idea que me sostiene. No me importa lo que tenga que sangrar todavía. El ''es mi Pastor, nada me falta, su vara y su bastón me protegen,'' dice el salmista. Sigo caminando porque El va conmigo.

Llegué a Chicago un invierno hace diecisiete años. Lo encontré muy frío. Era invierno. Un domingo, con una temperatura bajo cero, salí a buscar una iglesia y di con la parroquia de la Epifanía. ¡Oh, mi Dios! Me encontré a Monseñor Hayes, un hombre que es todo bondad. Tiene un don de gentes y un don de santidad muy grandes. En todo conté siempre con su apoyo. Y es aquí donde entro en la aventura más hermosa de mi vida dándome sin descanso a los demás. El mundo está en agonía porque tiene hambre no sólo de pan, sino también de paz y de justicia. Esto es lo que no me deja olvidar la gran responsabilidad que tengo. Por eso voy a un lugar y a otro, participando en todo lo que puedo. Puedo también decir que nada es mérito mío. Dios primero y cantidad de personas después.

Con el padre James Kiley iniciamos cosas hermosas y organizamos con la participación de muchos de la comunidad. Llegó allí muy jovencito y con un ánimo para trabajar tremendo. Estaba siempre presente en liturgias, juntas, fiestas sociales y paseos. Lo recuerdo porque compartimos todo esto con él. Nunca me marginó por ser anciana. Su sucesor, el padre Kevin Feeney, ha sido un gran amigo para mí y para todos. Siempre estuvo en todo lo nuestro. Cómo nos estimularon estos dos sacerdotes con su ejemplar entrega.

En algun libro leí: ''Espiritualidad es Cristo en nosotros''. Por tanto es un manantial que fluye y fluye sin agotarse jamás. Desde hace once años tengo bajo mi cuidado a un grupo de amigas de la tercera edad. En cada una, en verdad veo un manantial de ternura y generosidad que no se agota. Un manantial de inagotable fe en Dios, amor a nuestra Madre Santísima de Guadalupe y gran cariño y respeto por los sacerdotes. Bendita edad en que poco hay que pueda perturbarnos. Bendita edad porque mientras la juventud busca placer, nosotros, los viejos, buscamos a Dios, pues la vida nos enseñó qué es lo único que vale porque Su amor es la única verdad.

Padre, con esto espero no haberlo defraudado. Y para hacerlo reír un poco, un cuento. Se dice que un hombre con ironía le dijo a su mujer este refrán: ''El hombre está a la cabeza de la creación". A lo que ella replicó pasándole la mano por la cabeza: "Y la mujer es la corona de su cabeza".

Quedo de usted como su segura servidora.

Conclusiones[1]

Escribir acerca de la propia espiritualidad puede ser una tarea ardua. Fue ciertamente una experiencia de honda introspección, vulnerable y extrema para cada uno de nuestros autores. A través de su voluntad de compartir algo de su camino hacia la santidad y de hablar de sus relaciones con Dios, estas mujeres y hombres se convierten en nuestros maestros. Nos enseñan que también nosotros estamos inscritos en la escuela de la vida y tenemos historias similares que compartir acerca del Dios que se revela en la gente y los eventos ordinarios de nuestra vida.

No es nuestro propósito aquí criticar o analizar lo que se ha escrito. Tratamos respetuosamente lo que se nos ha ofrecido tan libre y honestamente. Sin embargo, también admitimos que estas historias nos han planteado muchas preguntas. Dos, en particular, nos intrigan. Ellas son, "¿Hay algunos elementos comunes que entrelazan estas historias entre sí?" y, "¿Qué revelan estas historias acerca de la singularidad de una espiritualidad hispana?"

Viajando a través de las fronteras

Un elemento común que entrelaza estas historias es la imagen de un camino. Este tema de movimiento, de peregrinaje, de tener que salir de un lugar y establecerse de nuevo en otro lugar no es una novedad para aquellos de nosotros que estamos enraizados en la experiencia judeo-cristiana. Nuestro caminar encuentra resonancia en las narrativas bíblicas de los israelitas, el pueblo elegido de Dios, en su trayecto desde Egipto a la tierra prometida. El libro del Exodo cuenta los triunfos, luchas e infidelidades de Israel, a la vez que cuenta el crecimiento de Israel en su amor y fidelidad al Dios siempre fiel. No fue tanto el caminar de Israel hacia tierra desconocida, sino su jornada simbólica hacia la alianza que los hizo especiales ante Dios. De manera similar el padre Virgilio Elizondo encuadra nuestro entendimiento de la experiencia hispana en términos de una jornada simbólica.[2]—una jornada hacia una tierra desconocida, pero también una jornada simbólica de la opresión a la liberación por la gracia de un Dios siempre fiel. El caminar o éxodo es una valiosa imagen espiritual para los hispanos, y una forma privilegiada de pensar acerca de la relación con Dios, la sociedad y los demás. Somos el pueblo de Dios en marcha.

Otra manera de entender el peregrinaje de los hispanos es pensar en el en términos de "cruce de fronteras".[3] Algunas fronteras son geográficas, como un río que separa un país del otro. También hay fronteras culturales y sociales a las que nos enfrentamos cuando venimos a una nueva tierra con costumbres extrañar, comida poco usual y aún maneras diferentes de participar en reuniones concurridas. Además hay fronteras de fe que la conversión nos llama a cruzar si deseamos vivir la experiencia de iglesia, religión y culto de formas nuevas. La gente cruza fronteras de identidad en el camino hacia la integridad personal. Muchos hispanos luchan por cruzar las fronteras de la opresión económica con esfuerzo por establecerse en empleos, comercios y hogares.

Nuestros autores identificaron muchas clases de trayectorias en sus vidas, varios tipos de fronteras que se tuvieron que cruzar. Pueden resumirse bajo los cuatro sub-temas de (1) relaciones, (2) momentos de crisis, (3) sentimiento de la presencia de Dios y (4) recuerdos de experiencias radicales.

Relaciones: La familia está en el corazón de la experiencia hispana. La familia inmediata incluye padres, hijos, abuelos, tías, tíos y primos. Descubrimos quiénes somos a través de nuestras relaciones familiares. La escuela de la vida comienza aquí. Aquí es donde se siembra y cultiva la fe. Conocemos a Dios por primera vez a través del amor modelado y alimentado en la familia. Esta incluye también a la familia extendida, es decir, compadres y comadres[4], concuños[5] y tocayos[6].

Nuestros escritores ilustran cuán importantes han sido en su vida los miembros de la familia—vivos y difuntos, ayudándolos a viajar lejos y a cruzar muchas fronteras. La madre de Marco Antonio López Saavedra, por ejemplo, le contó historias de los miembros difuntos de su familia. Aunque Marco Antonio nunca conoció a su abuela, comparte la sensación familiar de su intimidad. Las historias conmovedoras de su madre acerca de su abuela Natividad lo ayudaron a conocer la muerte como algo familiar y que no debía temer. La relación con su abuela difunta lo ayudó a aceptar la pérdida y el dolor que sintió cuando su padre murió. Juan Sosa, por otro lado, escribe en parte sobre reuniones familiares, y cómo estos momentos lo ayudan a permanecer enraizado y enterado de las tradiciones de su propia familia. Para los hispanos, la familia no sólo nos ayuda a cruzar fronteras desconocidas, sino también nos ayuda a regresar a los orígenes que aún nos sostienen.

María Teresa Gastón Witchger encontró que su relación con personas fuera de su familia extendida, especialmente compañeros en la organización de Pan para el Mundo y el movimiento de Trabajadores Católicos, la inspiraron a trabajar por los derechos de los pobres. Fue también la relación con la comunidad más amplia la que permitió a Olga Villa Parra y Ricardo construir su relación basada en un compromiso con la justicia para sus hermanas y hermanos hispanos. Ada María Isasi-Díaz resume esta trayectoria cuando escribe, ''Para mí el acercamiento a Dios y la lucha por la justicia se han convertido en una y la misma cosa''. En este caso el recorrido es desde una espiritualidad individualista a una espiritualidad enraizada en una relación con la familia y la comunidad más amplia, y su nombre es la justicia.

En nuestras mismas expresiones manifestamos también una fuerte relación familiar con Dios. Cuando los hispánicos sentimos gratitud espontáneamente decimos ''Dios te lo paque''. Cuando nos despedimos de alguien decimos ''Adiós'' o ''Dios le acompañe''. Consuelo Covarrubias recuerda que siempre que su madre hacía planes o contemplaba una nueva acción, instintivamente decía ''Si Dios nos da licencia''. Existe un cruce inconsciente de fronteras sagradas en las conversaciones cotidianas. El lenguaje mismo que usamos en la escuela ordinaria de la vida es una prueba de la intimidad con Dios, basada sobre la creencia implícita de que Dios ha cruzado la frontera hacia nuestra vida.

Momentos de crisis: ¿Cómo podemos experimentar gozo sin haber experimentado dolor en nuestra trayectoria? La situación de los hispanos como minoría significa que están luchando constantemente por cruzar las fronteras de la aceptación y la igualdad dentro del mundo político, económico, cultural y eclesiástico en el que viven. Esta lucha es uno de los maestros en nuestra escuela de la vida, que nos recuerda que las crisis, los golpes internos y los sufrimientos que surgen de las relaciones familiares y comunitarias, guardan semillas de promesa y vida nueva: si tan sólo nos aprestáramos a emprender el camino hacia la providencia de Dios. Cuando los hispanos nos encontramos en una crisis, instintivamente tratamos de relacionar esos momentos con la providencia de Dios. Sabemos que Dios tiene un plan para nosotros, pero no siempre comprendemos hacia dónde nos llevar ese plan. Cuando surgen las crisis, buscamos a Dios para darle significado al sufrimiento, y para pedir dirección hacia la resolución y la redención. A menudo es un miembro de la familia o un amigo quien nos ayuda a descubrir el plan de Dios y su promesa en medio de nuestro dolor.

En nuestra colección de historias muy personales, José Rivera describe cómo él y Mercedes se distanciaron de Dios; el resultado, tal como ellos lo perciden, fue la desintegración de su matrimonio. Sus acciones representaron una enorme cruz para sus hijas y tuvieron un efecto desastroso en su hijo. Fue a su vez el amor a su hijo, lo que los ayudó a empezar de nuevo a entregarse y confiar en Dios. Juntos cruzaron la frontera de división y dolor hacia una nueva unidad y gozo familiar. Confesor De Jesús relata de una serie de crisis en su vida. Una de las más dolorosas fue el rechazo que sintió por parte de un grupo de compañeros de quienes esperaba lo comprendieran más que nadie. Su caminar a través de cada crisis lo dejó con una experiencia y un conocimiento más profundo del amor incondicional de Dios. Fue sólo cuando se entregó y permitió que el Señor lo guiara y se convirtiera en su amigo que pudo estar en paz. La paradoja espiritual de entregarse, del abandono cristiano en el sentido hispano de resignarse no es algo pasivo, al contrario: es lo que nos permite cruzar estas fronteras a menudo dolorosas.

Sentimiento de la presencia de Dios: la gente hispana tiende a vivir desde su corazón, no desde su cabeza. Tendemos a decir lo que sentimos antes de lo que pensamos. Como el padre Elizondo comenta, para los hispanos "las emociones no son consideradas irracionales sino complementarias...a la totalidad de la persona.... El corazón es el centro de la personalidad dinámica y tiene razones que la mente no conoce".[7] Esto es especialmente cierto en nuestra experiencia de Dios, cuya presencia no se conoce en abstracto, sino se siente.

Cuán a menudo en nuestras historias, los autores han escrito acerca del sentimiento o la sensación de la presencia de Dios. Tal sentimiento es un maestro importante en nuestra escuela cotidiana de espiritualidad. Silvia Zaldívar usa la palabra sentir al describir la relación de los hispanos con Dios. "Cuando sentimos a Dios como Creador y Redentor en nuestras vidas, sentimos la necesidad y el deseo de adorar...a Dios". Tales sentimientos ayudaron a Silvia a darse cuenta de cómo había estado Dios en su vida, y cómo ella está invitada a corresponder en su peregrinar hacia Dios. Esta jornada a menudo tiene lugar por medio de devociones y expresiones populares de fe que, a su vez, evocan sentimientos de la presencia tangible de Dios entre nosotros. Los sentimientos son elementos clave en esta jornada, ayudándonos a entrar en una nueva conciencia y un conocimiento más profundo del Señor en nuestra vida.

De manera similar, Yolanda Tarango reconoció a Dios en los rostros de los pobres y de los que sufren, cuando internalizó los sentimientos de dolor y tristeza que la conmovieron al pasar entre ellos. Una nueva forma de oración o "presencia" de Dios—sintiendo la presencia de Dios—surgió en su vida. Cuando se hizo consciente de sus sentimientos, pasó de un estilo de oración institucionalizado a uno que se integró dentro de su experiencia cotidiana, su trabajo, y especialmente en su vida y trabajo entre los que sufren y los desposeídos.

Recuerdos de Experiencias Radicales: Ricardo Ramírez a menudo dice que los eventos que recordamos como centrales en nuestras vidas son espiritualmente influyentes. Recordar o hacer memoria es una forma privilegiada por la que alcanzamos una experiencia renovada de lo sagrado, de la vida como algo valioso, del poder liberador que proviene de la aceptación de nuestro origen y de nuestras raíces. La invitación a escribir acerca de su trayectoria espiritual fue para nuestros autores una manera de recordar y recontar sus experiencias en su relación con Dios. En su propia historia, Ricardo describe cómo conserva la visita a la casa de la tía Petra durante la novena a Nuestra Señora de Guadalupe como el primer recuerdo de lo sagrado. Estaba rodeado de gente y de esos objetos especiales que son la marca del catolicismo popular: el altarcito, velas y estampas. La novena fue una viva lección de fe que lo dispuso a sentir la presencia especial de Dios en el camino a su casa. Dominga Zapata subraya la importancia de rememorar experiencias radicales al describir su propia lucha por encontrar una espiritualidad auténtica. Ella representa a tantos hispanos que han tenido que redescubrir sus raíces…redescubrimiento que no sólo nos nutre culturalmente sino también espiritualmente. Para muchos de nosotros, llegar a ser una persona auténticamente espiritual significa asumir nuestras raíces.

Alvaro Dávila afirma esto de una manera muy conmovedora notando, ''parece que la experiencia espiritual de uno mismo sólo puede ser conocida, contemplada y comprendida cuando vivimos en continuo diálogo con la memoria de nuestro pueblo.'' Escribe acerca de su persistente negación de todo lo que le recordaba sus raíces. Cuenta acerca de la violencia hacia sí mismo y la pérdida de la dignidad humana que sufrió, aunque inconscientemente, al vivir una vida de negación. Su historia revela el doloroso precio que pagó por negar sus raíces. La mera experiencia de escribir como ejercicio de la memoria aportó el impulso para cruzar la frontera hacia un nuevo conocimiento del valor y el prodigio de sus orígenes. El entablar un diálogo con nuestras raíces culturales constituye una importante lección en nuestra escuela de espiritualidad.

Hemos intentado contemplar respetuosamente estas historias del camino espiritual. Así es como debe ser, ya que estas son historias de gente real cuyas diversas trayectorias son una rica fuente de reflexión. Muestran cómo los hispanos son un pueblo real que cruza muchas fronteras, obstáculos y barreras en nuestro caminar hacia Dios. Estas historias representan algo de la variedad étnica que existe dentro de la comunidad hispana, y algunas de las muchas fronteras que cruzamos. Así mismo hacen patente la notable unidad de visión y fe que nos mantiene unidos. Se necesita escribir, contar y recordar muchas historias más.

La historia final: Un oasis

Para concluir, volvemos al punto del que parten todas las escuelas cristianas de espiritualidad: Jesús. Nuestro Maestro espiritual dijo, ''El Reino de Dios es como...'' (Mt 13,24-53). Se dejaba a aquellos que escuchaban estas palabras imaginar lo que el Señor tenía en mente, y sentir lo que tenía en su corazón para que ellos, a su vez, pudieran descubrir en sus mentes y corazones lo que él estaba tratando de enseñarles. El liturgista Mark Searle capturó algo de esto en su frecuente anotación de que ''la liturgia es un ensayo del reino''. La liturgia es donde la gente se reúne a ritualizar la vida, muerte y resurrección del Señor como cada uno la ha visto, oído y sentido en su propia vida. Sin embargo, si la liturgia es un ensayo del reino, entonces ¿no se podría decir que la espiritualidad es el corazón del reino? La espiritualidad es la energía que late dentro de nosotros, dando significado a todo lo que hacemos en el nombre del Señor, y permitiéndonos gritar ''Abba'' en tantos lenguajes, gestos, canciones y prácticas religiosas diferentes. La espiritualidad es la energía que continuamente nos permite ver lo que el Señor tenía en mente, y sentir lo que tenía en su corazón para que podamos descubrir de nuevo cómo ''El Reino de Dios es como...'' un oasis.

La primera luz del día sobre el horizonte iluminó el paisaje para los tres cansados viajeros—una mujer y dos hombres—quienes vieron la silueta de una palmera en la distancia. El árbol parecía ser un lugar prometedor de descanso en su camino de unos años, y el final de su peregrinaje común. Al acercarse, este trío de viajeros notaron que otros tres, al principio escondidos tras la noche que desaparecía, estaban sentados bajo el árbol. El trío contempló cómo se incorporaron, se despidieron, y se alejaron en diferentes direcciones.

Los viajeros se aproximaron al lugar marcado por el árbol con un sentimiento de reverencia por la sensación refrescante que pronto disfrutarían. Cada uno del trío, casi en silencio, sorbió el agua fría y se lavó el sucio rostro en el manantial que sonaba como un mensaje de bienvenida. A la primera luz del día ellos, como los otros tres antes que ellos, se reunieron bajo la palmera para descansar y aguardar la providencia del día.

A medida que el sol se movía a través del cielo, varias personas se acercaron al oasis durante el día. Cada una tomó su turno ante el manantial y enseguida, con el trío original, se sentó bajo la palmera. Durante esta tregua, cada huésped empezó a contar su historia. Era la historia de cómo él o ella había llegado a este momento. Era la historia de las fronteras que cada cual había cruzado, de los cambios que cada quien había hecho, y de las sanaciones que cada uno había experimentado. Los tres peregrinos originales participaron en las palabras de cada nuevo narrador, sintieron los sentimientos detrás de las palabras y entraron dentro de la historia. Al terminar cada cuento, los cuatro viajeros suspiraron hondamente. Por fin el recien llegado, suficientemente descansado, se alejó del trío, y los dejó esperando a otro viajero y otra historia. Qué naturales fueron los encuentros que ocurrieron a lo largo de ese día. Diferentes vidas se desplazaron a través del oasis ese día. Al alejarse el último de ellos y perderse en la distancia, el sol también palideció, dejando al trío en la oscuridad con tan sólo el resplandor de la luna para ayudarlos a discernir la presencia de los otros y el significado de los eventos del día.

"Todo es hecho por Dios" se convirtió en el mantra espontáneo que los tres comenzaron a cantar, orando en la quietud de la noche. En su canto se escuchó una cuarta voz, armonizando con su melodía. Entonó su canto con suaves variaciones, y la noche abarcó su canción. En el canto, los tres empezaron a ver y sentir lo que los narradores les habían dejado. Varias apariciones desfilaron ante ellos—no de los narradores mismos, sino de la Presencia cuya voz ahora armonizaba con la suya como en la noche iluminada por la luna. "Todo es hecho por Dios" adquirió un nuevo sentido en el despliegue de su canción nocturna. Ellos eran los mismos y sin embargo eran diferentes. Sus propias historias fluían ahora tan naturalmente como las de los otros viajeros a lo largo del día. La Presencia, cuya voz ahora opacaba la suya, revelaba que en la narración todos son parte de una historia más grande, de un himno más grande, de una Presencia mayor y más resplandeciente. Y así pasó la noche, la música se diluyó, y el día amaneció. La mujer y los dos hombres estaban de pie ante el sol saliente, sabiendo que su peregrinaje había terminado. Como los tres extraños antes que ellos, se abrazaron en una despedida final y se alejaron en diferentes direcciones. En la distancia, aparecieron las imágenes indefinidas de otros tres viajeros que se encaminaron hacia la palmera y su promesa de frescura y descanso.

El Señor simple y profundamente nos enseña que no hay normas en la vida del Espíritu. Lo que es singular surge en las tradiciones religiosas, los rituales culturales y las prácticas de la fe que revelan la Presencia que llamamos Dios. Nosotros tres peregrinos—Arturo, Consuelo y Ed—y tú con nosotros, hemos visto a través de estas páginas que la Presencia se descubrío en un pozo, una novena, una imagen, los pobres, la familia, y en tantas otras formas sencillas pero profundas. Estas experiencias cambiaron a los narradores. Cada uno de los autores emergió del encuentro transformado, y se alejó en una nueva dirección.

La experiencia de Dios no puede ser definida tanto como puede ser narrada. Lo mismo es verdad de la espiritualidad. Evasiva como un latido del corazón y mejor capturada en una historia. Lo que es único acerca de la espiritualidad hispana se descubre y se enseña en la narración de un cuento. Similar al Reino, "La espiritualidad hispana es como...". Lo que la hace única se da en la forma en que la vida se acepta como una parábola, actuada en las imágenes de fe de la religión popular—el catolicismo popular. Los esfuerzos por explicar y definir la espiritualidad hispana nunca tienen mucho éxito. Sin embargo, debemos tratar de hacerlo, porque el esfuerzo mismo afirma la experiencia de Dios en nuestra vida.

Aunque muy diversos, los hispanos somos capaces de entrar en la parábola del otro siempre y cuando abracemos formas populares del catolicismo como fuente de nuestra propia espiritualidad—siempre y cuando lleguemos al oasis, refresquemos nuestra vida cansada, y nos contemos nuestra historia unos a otros. Los hispanos que se han distanciado conscientemente de sus raíces o que no han tenido la oportunidad de estar en contacto personal con las poderosas imágenes de su historia, también están invitados a este oasis. Están invitados a beber del manantial de esta vida a través de los bautismos y bodas, funerales y otras reuniones familiares y comunitarias. En esos momentos, inmersos en las imágenes de la fe popular de y de las prácticas rituales, algo se despierta en nosotros, y nos impulsa hacia la historia. Y una vez adentro empezamos a comprender cómo la historia, cómo la parábola, crea un anhelo de algo más, un deseo de compañía, una pasión por la verdad. Las parábolas crean un anhelo de Dios.

Lo que hemos escuchado y sentido en este libro es una invitación a la parábola. Hemos experimentado una lección de la escuela de la espiritualidad hispana, el latido del reino, pulsando en nuestra comunidad.

¡Así es!

NOTAS

1. Los editores agradecn al P. John Telles, a la Sra. Sally Teresa Kelley y a la Hna. Margarita Armendáriz por su aliento a lo largo del proceso de redacción y por su especial asistencia en la elaboración de estas conclusiones.

2. Ver, especialmente su libro: *Galilean Journey* (Camino a Galilea) (Maryknoll: Orbis Press, 1991). Aunque Elizondo escribe desde una perspectiva especificamente mexicoamericana, su trabajo también ofrece un marco de referencia para entender el peregrinaje físico y espiritual de otros grupos hispanos.

3. Arturo Bañuelas, "U.S. Hispanic Theology" (Teología Hispana de los E.E.U.U.), trabajo inédito.

4. Estos son los padrinos, que no sólo tienen responsabilidades espirituales, sino cuyas relaciones también tienen ramificaciones sociales y políticas para la familia.

5. La relación entre hermanos casados.

6. Los que tienen el mismo nombre.

7. Virgilio Elizondo, *Christianity and Culture* (Cristianismo y cultura) (San Antonio: Mexican American Cultural Center Publications, 1975) 166–67.

Contribuidores

Ada María Isasi-Díaz, cubana, profesora asociados de teología y moral en la Universidad de Drew, y autora sobre la espiritualidad de la mujer hispana, publicó recientemente *En La Lucha* (1993) donde elabora una teología mujerista.

Yolanda Tarango, C.V.V.I., mexicoamericana fue coordinadora de Las Hermanas, U.S.A., y actualmente parte del equipo directivo de las hermanas de Incarnate Word, es co-autora con Ada María Isasi-Díaz del libro *Hispani Women: Prophetic Voice in the Church* (1988).

Alvaro Dávila, guatemalteco, director asociado del Instituto de Liderazgo Pastoral y asociado pastoral de la parroquia de Our Lady of Mercy, ambos en Chicago, es conferencista y un gran animador de grupos en el ministerio hispano.

Dominga M. Zapata, puertorriqueña, de la Society of Helpers, consultante hispanoamericana para la Oficina de Ministerios Étnicos de la arquidiócesis de Chicago, es candidata para estudios doctorales en la Universidad de Salamanca, España.

Consuelo Covarrubias, P.B.V.M., mexicoamericana en el ministerio hispano, coordinadora de las pequeñas comunidades cristianas para la diócesis de Gary, Indiana, atiende a los hispanos en la parroquia de Sacred Heart, Michigan City y comparte las raíces de su espiritualidad como religiosa.

Ricardo Ramírez, C.S.B., mexicoamericano, obispo de la diócesis de Las Cruces, Nuevo México, ha escrito y publicado muchos artículos, entre los cuales unos muy importantes acerca de la espiritualidad hispana y de la religiosidad popular hispana.

Juan Sosa, cubano, director del culto para la arquidiócesis de Miami, comparte su experiencia de espiritualidad como sacerdote diocesano hispano.

María Teresa Gastón Witchger, madre de tres hijos, ex-socia del Equipo de Trabanjo Nacional para Jóvenes, ex-ministra para jóvenes, trabaja shora con trabajadoras migratorias en Immoklee, Florida.

Marco Antonio López Saavedra, mexicoamericano, ex-asociado pastoral en la parroquia de Epiphany y ahora parte de la facultad del Seminario Niles College en Chicago, escribe sobre su espiritualidad desde la perspectiva de los jóvenes.

Olga Villa Parra, mexicoamericana, parte del personal de la Fundación Lilly de Indianapolis, aporta la rica historia de su espiritualidad como mujer hispana casada comprometida desde años en su comunidad latina como líder y compañera.

José y Mercedes Rivera, salvadoreños, directores del Movimiento Familiar Católico, U.S.A., trabajan en los Encuentros Matrimoniales y Pre-matrimoniales y comparten la historia de su vida y cómo ésta formó su espiritualidad como preja.

Enrique D. Alonso, mexicano, ex-coordinador de la Formación Continua y de Retiros para diáconos y actual director del Instituto de Liderazgo para hispanos, es diácono en la parroquia de Our Lady of Grace en Chicago.

Confesor De Jesús, puertorriqueño, diácono en St. Sylvester y ex-profesor en la Universidad de Loyola, Chicago, de la espiritualidad hispana aporta su experiencia de persona divorciada y de cómo esto transformó la espiritualidad en su vida diaria.

Silvia Zaldívar, cubana, soci de la Junta nacional Católica sobre los Ancianos representado el Comité de Defensa de las Minorías en Caridades Católicas y en el Consejo sobre los Ancianos de Illinois, escribe acerca de su experiencia con sus semejantes y sus luchas al crecer en su espiritualidad.

Clotilde Olvera Márquez, (R.I.P.) fundadora de la Sagrada Familia, P.C.E.B., para Ancianos hispanos en la comunidad de Little Village, totalmente comprometida en la vida parroquial de Epiphany, Chicago, escribió de un modo conmovedor sobre las experiencias de su niñez como inmigrante, de esos hondos momentos de gracia que profundizaron su vida con Dios.

Arturo Pérez, mexicano, sacerdote del Archidiócesis de Chicago, escribe y da clases del Catolocismo popular.

Edward Foley, Capuchino, enseña a Catholic Theological Union en Chicago.